ANTITRUST
NEL SETTORE
FARMACEUTICO

ANTITRUST NEL SETTORE FARMACEUTICO

SIMONE ROTILI

Presenta

ANTITRUST NEL SETTORE FARMACEUTICO

La perpetua "Battaglia" tra Originators, Genericisti & Competitors

Nozioni generali sul diritto antitrust.
Il caso AstraZeneca.
Il caso Pfizer-Ratiofarm.
Il caso Roche-Novartis.

RELATORE: dott.ssa Marzia Balzano
MODERATORE: prof.ssa Fabiola Massa
REVISORE: prof. Aldo Coloprisco

ANTITRUST NEL SETTORE FARMACEUTICO

FONT DI COPERTINA: Capture Small
<u>This font is free to use for personal and commercial works too.</u>
The only owner of the font is Koczman Bálint (Magique Fonts).
Thanks and regards!
Sito web del download:
http://www.dafont.com/it/search.php?q=capture+small

REPORT SULL' **ANTITRUST NEL SETTORE FARMACEUTICO**, e le immagini di copertina, sono marchi registrati ®, di proprietà dell'autore.

Nessuna parte di questo libro può essere riprodotta, copiata o trasmessa in alcuna forma e in nessun modo, grafico, elettronico o meccanico, inclusi fotocopie o registrazioni, senza il permesso scritto dell'autore, eccetto dove è permesso dalla legge.

©Tutti i diritti riservati. 2014

Sommario

INTRODUZIONE..1

PREFAZIONE..3

Parte I - Cosa significa concorrenza e come tutelarla

LA CONCORRENZA E L'ESIGENZA DELLA TUTELA DELL'INNOVAZIONE. 9

Cos'è l'Antitrust, e di cosa si occupa!......................................11
  Il trust 11
  L'antitrust 12
  Il cartello 13
  I comportamenti unilaterali.....................................15
Innovazione dei genericisti, scadenze dei brevetti e Il "Paying for delay"..17
La tutela della salute attraverso la tutela della concorrenza.. 21
Comportamenti opportunistici nell'impiego dei brevetti nel settore farmaceutico 27
I genericisti, gli originators e l'innovazione. 34

Parte II - Il primo caso europeo

IL PRIMO CASO EUROPEO – IL CASO ASTRAZENECA (LOSEC®)41

Il processo AstraZeneca...42
    La spaccatura tra prima e dopo AstraZeneca.....................*44*
Come nasce un nuovo farmaco e quanto tempo una casa farmaceutica ne detiene l'esclusiva?...45
Il certificato di protezione complementare 48
Il primo comportamento di AstraZeneca: l'abuso brevettuale... 51
Il secondo comportamento di AstraZeneca: l'abuso di posizione dominante 64
    Il delisting – Una pratica facilitante *64*
    Il refresh – il farmaco di nuova generazione *65*
La vicenda del secondo comportamento di AstraZeneca............67

UN CASO CHE DIVIDE – IL CASO PFIZER-RATIOPHARM (XALATAN®) 75

Parte III - Un caso che divide

Il contesto storico del caso Pfizer-Ratiopharm........................79
L'inadempienza e il Doppio Danno..82
L'escamotage divisionale 84
La condotta Anti-Genericisti 87
Il procedimento amministrativo..89
Il primo grado di opposizione 93
L'annullamento del brevetto divisionale 97
Il secondo grado di opposizione e la riconferma del divisionale. 98
La condanna di abuso del diritto..100

Parte IV - Un caso ancora aperto

UN CASO ANCORA APERTO - IL CASO ROCHE-NOVARTIS (AVASTIN® & LUCENTIS®) 105

L'AVASTIN® 106

L'UTILIZZO INTRAVITREALE DEL PRINCIPIO ATTIVO - LUCENTIS® 108

L'EMIVITA DEI DUE ANTICORPI 110

L'ACCORDO DI LICENZA CON NOVARTIS 112

L'IMPREVISTO OFF LABEL 113

LA CAMPAGNA ANTI-AVASTIN® 118

GLI STUDI DELLE AUTORITÀ 121

LA DENUNCIA ALL'EMA. L'ANSIA E LA PAURA! 123

LA PROVA REGINA. LE DUE REALTÀ 125

L'AIFA RIMUOVE L'AVASTIN® DALL'SSN 128

LA SENTENZA DELL'ILLECITO ANTITRUST 129

UN CASO APERTO 131

POSTFAZIONE 135

APPENDICI 137

ASTRAZENECA 137

PFIZER 138

RATIOPHARM 139

NOVARTIS 139

ROCHE 140

ANTITRUST NEL SETTORE FARMACEUTICO

RIFERIMENTI **141**

    Sito web della commissione europea 141

    Letteratura sul diritto antitrust 141

    Letteratura sul caso AstraZeneca 142

    Letteratura sul caso Pfizer-Ratiopharm 143

    Letteratura sul caso Novartis-Roche 145

IL RELATORE **149**

IL MODERATORE **151**

L'AUTORE **153**

ANNOTAZIONI 154

DEDICA

Dedico questo libro al professor Peter Hawkings Maestro di vita e amico, per la sua professionalità e semplicità.

ANTITRUST NEL SETTORE FARMACEUTICO

RINGRAZIAMENTI

Desidero ringraziare la professoressa Fabiola Massa, per aver creato l'opportunità di arricchirci culturalmente e di "aver aperto una finestra nelle nostre menti" sul mondo dell'antitrust nel settore farmaceutico.

Desidero ringraziare la dottoressa Marzia Balzano, per la sua esauriente e genuina esposizione sui temi trattati in questo report, e per il suo impegno sociale che svolge all'interno dell'AGCM.

Desidero ringraziare il Professor Aldo Coloprisco, per il suo prezioso contributo offerto nella revisione di questo testo.

ANTITRUST NEL SETTORE FARMACEUTICO

INTRODUZIONE

In questo testo si tratterà di quelli che sono gli istituti in termini di disciplina antitrust. Nella prima parte ci si soffermerà su alcune nozioni basilari utili alla comprensione dei tre casi che verranno esposti di seguito e che hanno tracciato le linee guida della storia di questo settore. Cosa sono i cartelli, cosa si intende per comportamenti unilaterali, cos'è il "paying for delay", chi sono i genericisti, e cosa sono gli originator e altre nozioni proprie dell'antitrust. Ci immergeremo in una serie di situazioni e di esperienze che ha vissuto l'autorità antitrust con riferimento alle pratiche messe a punto dalle imprese farmaceutiche, per utilizzare, <u>dal loro punto di vista</u>, in meglio, il diritto delle proprietà intellettuali sulle invenzioni farmaceutiche e bio-tech.

PREFAZIONE

Nel primo caso che prenderemo in esame (il caso AstraZeneca), si tratterà del primo processo europeo, in materia di abuso brevettuale. Spiegheremo le modalità in cui nasce e cresce un farmaco, capiremo cos'è il CPC (il Certificato di Protezione Complementare), tratteremo delle pratiche facilitanti di delisting, di "refreshment" di un farmaco, e capiremo in che modo i colossi **Originators** possano mettere in atto pratiche di abuso di posizione dominante nel settore farmaceutico. I due casi che seguiranno, saranno invece ambientati in mercati più moderni, che nascono dopo l'esperienza AstraZeneca, e avranno una portata nazionale, e non europea, in cui si è mossa l'autorità antitrust nazionale italiana: l'AGCM (l'Autorità Garante del Commercio e del Mercato). Nel secondo caso che vedremo (il caso Pfizer-Ratiopharm) discuteremo dei comportamenti opportunistici, e capiremo cosa si intenda per comportamento unilaterale. Scopriremo inoltre cos'è il brevetto divisionale e in che modo le grandi ditte farmaceutiche mostrino delle condotte anti-genericisti, valutando i modi in cui **Genericisti** possano accedere al mercato. Nel terzo ed ultimo caso (Il caso Roche-Novartis) prenderemo in analisi la formazione delle alleanze tra **Competitors**, e capiremo come le industrie sfruttino le licenze e stabiliscano le intese di ripartizione del mercato.

ANTITRUST

NEL SETTORE

FARMACEUTICO

ANTITRUST NEL SETTORE FARMACEUTICO

PARTE I

COSA SIGNIFICA CONCORRENZA E COME TUTELARLA

… ANTITRUST NEL SETTORE FARMACEUTICO

La concorrenza e l'esigenza della tutela dell'innovazione.

Iniziamo con due domande fondamentali alle quali, nel corso del report, seguiranno delle risposte.

- Le autorità dell'antitrust che cosa vogliono dalle imprese su un mercato nazionale ed europeo?
- Qual è il problema della ricerca / innovazione di fronte alla concorrenza?

In teoria quello tra concorrenti non è uno scontro ma un incontro, che le autorità antitrust cercano di armonizzare al meglio. Possiamo aprire un discorso, partendo da quelli che sono i cardini della disciplina antitrust. L'autorità antitrust si occupa di assicurare che le imprese svolgano la loro attività in autonomia, riuscendo a vendere i propri prodotti quando questi sono più efficienti, quando sono meno costosi, quando sono migliori da un punto di vista qualitativo. Pertanto, le autorità antitrust si assicurano che le imprese vincano la "gara concorrenziale" che si crea nel mercato grazie ai loro meriti e alle loro capacità. Questo è l'obbiettivo che si propongono le autorità dell'antitrust in tutto il mondo! Cioè, assicurarsi che in un mercato, il vincitore sia effettivamente il migliore.

Cos'è l'Antitrust, e di cosa si occupa!

Quali possono essere i comportamenti scorretti e le situazioni equivoche creati dalle imprese farmaceutiche che possono stimolare la preoccupazione, e quindi l'intervento delle autorità antitrust? L'autorità antitrust si occupa fondamentalmente di due cose, che sono: gli accordi tra imprese (i cartelli) e i comportamenti unilaterali (quali ad esempio un esagerato ribasso dei prezzi).

Il trust

Un trust è una coalizione di imprese mediante la quale aziende che operano nello stesso settore, o che si trovano in rapporto di complementarità, si fondono in un complesso economico a direzione unitaria, con l'intento di ridurre i costi di produzione, aumentare i profitti e ottenere un controllo, parziale o totale, del mercato. Si distingue dal cartello, che concerne solo il controllo dei prezzi e delle quote di mercato, ma non comporta integrazione.

L'ANTITRUST

L'antitrust è' un organismo a tutela del libero mercato e dei consumatori, che previene, o scova, eventuali tentativi da parte di organizzazioni industriali, di controllare il mercato, attraverso accordi economici, volti a uniformare il tipo di offerta proposta. Tale organismo utilizza regole e azioni di vigilanza, volte ad impedire comportamenti e strategie delle imprese, che possano condurre a posizioni di monopolio, o accordi collusivi a danno dei consumatori. L'organo antitrust fa riferimento alle norme antitrust, le quali mirano ad evitare che imprese private possano assumere posizioni di predominio, in contrastato o a danno del consumatore, impedendo l'ingresso sul mercato di aziende concorrenti, o in altro modo distorcano la possibilità di libera concorrenza sui prezzi, sulla qualità dei prodotti, e sulle invenzioni innovative.

Il cartello

Il Cartello è una forma di coalizione, tra due o più imprese dello stesso ramo di produzione, le quali si accordano per sospendere la concorrenza tra loro. Tali aziende si impegnano le une con le altre a rispettare particolari condizioni, riguardanti la produzione, la vendita, il prezzo, e tentano di stabilire per ciascuno le zone di smercio del prodotto. L'obbiettivo dei cartelli è vessare la libera competizione, impedendo l'accesso a nuovi soggetti economici e costringendo i consumatori a subire le condizioni dell'offerta imposta. Ciò è volto ad impedire che la concorrenza possa far slittare i prezzi. Se per esempio alcune imprese, anziché competere, decidono di arrivare a degli accordi, in modo tale da azzerare la concorrenza che c'è tra loro, creando una alleanza, da ciò ne trarranno maggiori profitti economici. Ad esempio, le imprese possono accordarsi per alzare contemporaneamente i prezzi dei loro prodotti; oppure per stabilire in modo confidenziale le aree di vendita sul mercato internazionale, creando semplicemente uno "spartiacque". I termini dell'accordo sono in parole povere: «Io vendo in queste nazioni, tu in queste altre, quindi non ci facciamo più concorrenza!». Questo diventa un problema. In questo modo, anche se le imprese vendono un prodotto che costa tanto, nessuno si preoccupa più di essere competitivo, nessuno si preoccupa più di migliorare il prodotto, oppure di essere efficiente nei costi di produzione. Cosicché i consumatori, che desiderano acquistare un prodotto, lo trovano sul mercato solamente a un determinato prezzo, prefissato dalle imprese attraverso accordi riservati. Questo è il cosiddetto "*Prezzo di cartello*", ovvero il prezzo dell'accordo che le imprese hanno fissato insieme, ed è una delle tipiche preoccupazioni delle autorità di tutela della concorrenza.

I COMPORTAMENTI UNILATERALI

Un altro tipo di preoccupazione delle autorità antitrust è quello dei comportamenti strategici attuati da imprese farmaceutiche che hanno già acquisito una posizione dominante sul mercato nazionale e internazionale. Cioè imprese abbastanza grandi da intraprendere una lotta sleale, (non nel rispetto dei canoni della concorrenza nei meriti) che mira ad impedire alle imprese più piccole, che stanno cercando di entrare nel mercato, di competere con loro. Quali sono i modi con cui queste grandi imprese possono bloccare i piccoli concorrenti? Di modi ve ne sono molti! Ma uno di questi è più in voga e quindi più noto nel diritto della concorrenza, benché sia anche molto controverso, ed è il seguente. Quando una nuova impresa farmaceutica concorrente prova ad entrare in un mercato, in cui è già presente e consolidata una grande casa farmaceutica (leader nel settore), quest'ultima come strategia anticoncorrenziale inizia a vendere i propri prodotti ad un prezzo bassissimo, "stracciato", sottocosto, in modo tale da fare intralcio alla, o alle piccole nuove imprese, che cercano di farsi strada. Questo è un modo di mostrare forza e stabilità, poiché questo atteggiamento ammonisce tutti i concorrenti, facendogli notare le possibilità economiche molto maggiori di cui gode un leader del settore, mostrando alla concorrente più piccola che, essendo un colosso farmaceutico, può permettersi per un lungo periodo di tempo di vendere i suoi prodotti ad un prezzo molto basso, per via delle proprie entrate economiche derivate dalla vendita di altri prodotti che produce, mentre una piccola impresa che sta entrando ora nel mercato, ha un impellente bisogno di rientro economico, di un guadagno. Pertanto, il colosso farmaceutico dalla sua posizione di grande vantaggio sprona le più piccole ad abbandonare l'impresa. Questa appena citata è la tipica condotta che si riscontra essere tra le più antiche nella letteratura dell'antitrust. Comportamenti di questo tipo sono ravvisabili fin dalla prima metà del 1900.

Innovazione dei genericisti, scadenze dei brevetti e Il "Paying for delay"

Le singole grandi imprese attaccano i loro concorrenti più piccoli, però non è detto che questi siano meno efficienti di loro. A volte una piccola impresa può essere molto fastidiosa: una leader può ritrovarsi con una piccola nuova impresa che esibisce una innovazione fantastica in grado di rendere il suo prodotto obsoleto. Può, quindi, creargli un problema economico importante. Un'altra situazione che può mettere in difficoltà una grande casa farmaceutica è la scadenza del brevetto su un prodotto da lei venduto (la casa farmaceutica che per prima deposita il brevetto di un nuovo farmaco è l'originator, mentre la casa farmaceutica che, una volta scaduto il brevetto, lo copia è il genericista). Appena il brevetto sarà scaduto, una piccola impresa sarà già pronta a fare un prodotto generico, cioè un prodotto uguale, nel principio attivo, a quello della grande casa farmaceutica che lo ha brevettato. Ciò per un leader farmaceutico è un problema, perché la piccola impresa farmaceutica può riuscire a riprodurre il prodotto, con la stessa qualità del brevettante, e venderlo ad un prezzo più basso. In questa situazione come cerca di muoversi una grande casa farmaceutica? Generalmente adottando uno dei due modi sopra citati. Vale a dire, o cerca di allearsi con la piccola, oppure cerca di intimorirla. In altre parole: «o "la spaventa", o "se la fa amica"». Questi due sono i modi con i quali le grandi aziende cercano di controllare i genericisti. Possono tentare di spaventare i nuovi concorrenti attraverso un comportamento unilaterale, ovvero mettendo in essere atteggiamenti che li dissuadano dall'idea di continuare la loro attività produttiva. Nel caso in cui tale evenienza non risulti efficace, tentano di "catturarli" e di controllarli, favorendo e finanziando il loro ingresso nel mercato, con proposte lavorative molto più redditizie di quelle che una piccola impresa potrebbe immaginare. Tale condotta viene denominata nei paesi anglo-americani con il termine di "Paying for delay" ("Pagare per rimandare"), ed è una strategia volta a ritardare il più possibile l'ingresso di piccole imprese nel mercato. Questo è un tipico comportamento del mercato farmaceutico, che è già stato sanzionato a livello americano. Quindi vedete bene che, anche per una grande impresa, una piccola impresa può diventare un problema. Spostandoci invece in un mercato dove a competere sono le grandi imprese tra di loro, il problema dei comportamenti anticompetitivi viene traslato verso gli accordi, che queste prendono tra loro. Perché i compromessi sono l'arma con la quale le imprese, pur essendo molte e quindi potendo fare molta concorrenza le une con le altre, rinunciano alla concorrenza, e intraprendono comportamenti anticompetitivi. Stringendo accordi, le grandi imprese si tranquillizzano, non dovendosi più preoccupare della concorrenza che le tiene sotto tensione. Quindi accade che le grandi aziende coalizzate non investono più in ricerca, alzano semplicemente il prezzo, e investono solo il minimo indispensabile. Cosi facendo, risultano molti più utili nelle tasche delle aziende. Le imprese restano latenti grazie agli accordi tra di loro, attendendo il momento in cui un nuovo concorrente si affaccerà nel loro mercato, e solo allora cercheranno di trascinarlo nel proprio cartello, o in caso di rifiuto, inizieranno a combatterlo attraverso altre strategie. In questo campo ci sono sempre dinamiche in movimento. Le preoccupazioni dell'antitrust sono le stesse in tutti i mercati, cioè favorire la concorrenza.

La tutela della salute attraverso la tutela della concorrenza.

In tutti i mercati l'autorità antitrust tutela la convergenza delle imprese, supervisiona che non si comportino in maniera scorretta, in caso di grandi aziende, e si assicura che queste lascino entrare le nuove società nel mercato, nel caso in cui dimostrino di essere dei competitors efficienti. Queste sono le preoccupazioni principali delle autorità di vigilanza della concorrenza. Ovviamente in ciascun mercato ci si scontra con le realtà di quel mercato. Ogni mercato ha le sue caratteristiche. Se l'area di vendita è per esempio del latte, si riscontreranno dei problemi collegati alla natura del prodotto; per esempio il latte è un prodotto deperibile, e quindi c'è tutto un gioco concorrenziale legato alla velocità del trasporto del prodotto. Non esiste un mercato senza problemi. È anche vero che se ci spostiamo in un settore come quello farmaceutico i problemi diventano più grandi. Perché? Il problema è abbastanza semplice. Il settore farmaceutico ha delle specificità, e intorno a questo settore economico ruotano degli interessi talmente importanti, da essere inevitabilmente soggette a tantissime regole. Queste sono le *attività di ricerca e produzione dei farmaci*. A che cosa servono queste norme? Fondamentalmente ad assicurare due cose, che sono in parte collegate tra di loro. Prima di tutto, noi vogliamo la tutela della salute, un bene primario, di rango sovranazionale. Ogni stato del mondo si organizza come può, in base alle sue tradizioni culturali, e anche in base alla sua condizione economica, per assicurare il più possibile la tutela della salute ai cittadini. Come assicuriamo la tutela della salute? Esistono più modi per farlo! Prima di tutto attraverso un sistema di controllo dei farmaci. Le sostanze medicinali devono passare attraverso griglie di controllo ben precise prima di poter essere immesse sul mercato. Quindi devono ottenere quella che si chiama l'autorizzazione all'immissione in commercio (AIC). Tale autorizzazione si ottiene dopo approfondite sperimentazioni del prodotto. In mancanza di questa fase, si rischierebbe che molti effetti collaterali del farmaco si manifestino durante la commercializzazione del prodotto. Troppo spesso tale evento si manifesta comunque, poiché capita che si venga a conoscenza di effetti avversi di un farmaco, solo dopo il rilascio dell'autorizzazione all'immissione in commercio. È attraverso le griglie di controllo che si cerca di rendere tali episodi il più sporadici possibile.

La tutela della salute significa anche che il sistema sanitario nazionale (SSN) si fa carico di una parte dei prodotti; oppure che si creino dei sistemi di assicurazione obbligatoria, controllati dallo stato, che assicurino l'accesso ai prodotti a tutti i cittadini. Tutela della salute riguarda anche un altro fatto. Dato che salute è anche innovazione; più si innova, più si va avanti nella ricerca, maggiore diventa la tutela della salute. Per tale motivo la tutela della salute implica anche la promozione della ricerca; in questo caso l'avanzamento della ricerca farmaceutica. Questo problema della promozione della ricerca farmaceutica ha tutto un suo rapportarsi con le esigenze della concorrenza, il che ha creato tantissimi problemi nel tempo, perché promozione dell'innovazione è qualcosa che si sposa molto bene con concorrenza, in modo particolare, in un campo come quello farmaceutico, dove soltanto chi innova è competitivo. Soltanto se si riesce ad innovare, ad inventare nuovi prodotti si è veramente competitivi. Detto questo si potrebbe pensare che non ci sia alcun problema. Se un'impresa deve essere innovativa, questo significa che in questo mercato ci sarà tantissima concorrenza. Se le imprese non innovano, non possono vincere la gara concorrenziale. Purtroppo, non è così. Perché l'innovazione ha un costo estremamente elevato, e le linee di ricerca, a volte, non danno alcun risultato. Quindi, può capitare che un'impresa inizi le attività di ricerca di una nuova molecola e che a circa metà del lavoro tale impresa realizzi che non potrà ricavarne i rientri economici sperati. Quindi l'impresa farmaceutica è una attività ad alto rischio. Sotto questo aspetto potremmo dire che l'azienda farmaceutica si trova tra due fuochi: da un lato deve innovare se vuole competere nel suo mercato, e dall'altro vuole spendere il meno possibile, ottenendo il massimo risultato. Proprio questo atteggiamento può creare delle questioni. Perché le imprese hanno bisogno di innovare, ma non vogliono innovare più di quanto basta per essere i primi operatori nel mercato. Non vogliono investire troppo nell'attività di ricerca. Potremo dire che il primo obbiettivo delle imprese farmaceutiche è quello di trovare un prodotto innovativo, guadagnare il massimo possibile dalla vendita di questo prodotto, per un tempo potenzialmente indeterminato, escludendo tutti i concorrenti. Ovviamente questa esigenza delle case farmaceutiche può essere condivisa, e al fine di assecondare questa esigenza è stato studiato uno strumento di controllo, che è la tutela brevettuale. La tutela brevettuale consente ad un'impresa di avere l'elemento di esclusiva, al fine di recuperare i costi della ricerca. E fin qui non vi sono problemi. Un'altra evenienza da sottolineare è che nel settore farmaceutico un brevetto non serve a remunerare la ricerca di un singolo prodotto, bensì serve a remunerare anche tutte quelle ricerche "sfortunate", che non portano a nulla. Pertanto, un'impresa ha bisogno di ottenere un rientro economico dai suoi prodotti più venduti. Tuttavia, può insorgere un problema quando le autorità assecondano troppo questo bisogno delle imprese di guadagnare moltissimo dalla vendita dei propri prodotti, che possono anche essere molto innovativi. Il problema che insorge consiste nel fatto che le case farmaceutiche ad un certo punto si "siedono su quel prodotto"; ovvero, non intendono andare avanti, non vogliono migliorarsi, non vogliono correre il rischio di incappare in ulteriori spese di innovazione. Questa preoccupazione dovrebbe comprendere sia il sistema brevettuale, che le autorità di concorrenza. Di fatti il sistema brevettuale previene questa situazione, poiché il brevetto ha una durata massima, oltre la quale è destinato a scadere. E in questo frangente si osservano degli atteggiamenti di opportunismo da parte delle ditte farmaceutiche.

Comportamenti opportunistici nell'impiego dei brevetti nel settore farmaceutico

Quando un brevetto sta per scadere, le case farmaceutiche iniziano a farsi delle domande: «Quanto voglio innovare ora?», «Quanto voglio spendere in prossimità della scadenza del mio brevetto?», «Ho voglia di farmi una ricerca di base, sopportare tutti i costi di ricerca, per ottenere un nuovo brevetto innovativo?». E la domanda che non dovrebbero farsi, ma purtroppo si pongono è: «Cosa posso fare per evitarlo?». E qui l'esperienza delle autorità antitrust nel settore farmaceutico svela un atteggiamento di cosiddetto opportunismo. Questo atteggiamento consiste nel fatto che le case farmaceutiche studino in maniera molto approfondita, e dettagliata, le legislazioni brevettuali di tutti i paesi, andando alla ricerca di "zone in ombra". Cercando di utilizzare e sfruttare strategicamente le disuguaglianze tra le varie legislazioni. Il loro tentativo è quello di conseguire esclusive brevettuali al minimo costo di ricerca. Ma possono forse essere biasimate per questo? A questo punto occorre fare una distinzione tra le due situazioni di intelligente utilizzo dello strumento brevettuale, e deprecabile comportamento anti-competitivo. Poiché è proprio nel mezzo di questi due atteggiamenti che giace il vero problema. Notate che per un lungo periodo di tempo le autorità antitrust non si sono occupate a fondo delle questioni nel settore farmaceutico, poiché erano impegnate principalmente a gestire i cartelli del petrolio, delle telecomunicazioni, eccetera. Tuttavia, con il mutare dei tempi, il mutare delle legislazioni, e delle possibilità di collegamento tra Stati, hanno iniziato ad interessarsi sempre di più al settore dei medicinali. Questo per via di denunce da parte di una serie di imprese, molto efficienti, ma costrette in un angolo, ed impossibilitate all'entrata nel mercato dai grandi colossi farmaceutici, i quali abusavano dello strumento brevettuale. Le autorità di concorrenza verso la fine del secolo scorso, di fronte alle ripetute denunce inerenti comportamenti opportunistici nell'impiego dei brevetti nel settore farmaceutico, si sono trovate inizialmente disorientate. Non erano avvezze a confrontarsi con queste realtà. Per molto tempo il diritto antitrust ha avuto nei confronti della disciplina brevettuale un atteggiamento di totale deferenza e rispetto. Contrariamente a quanto si possa pensare, i giudici europei, intorno agli anni '90, si scontrarono con comportamenti di cui non avevano alcuna dimestichezza inizialmente. Si susseguivano casi in cui imprese titolari di un brevetto, che operavano nel mercato della concorrenza, venivano contattate da concorrenti che gli richiedevano la licenza del brevetto, per realizzare il prodotto coperto da brevetto. Le imprese titolari del brevetto erano solite negare la licenza, poiché sottolineavano il fatto che quello fosse una loro esclusiva. Nascevano così degli attriti e si andava davanti al giudice, il quale non poteva fare altro che sottolineare l'assenza di un illecito antitrust, poiché le grandi imprese farmaceutiche titolari del brevetto, stavano legittimamente utilizzando il loro privilegio che avevano legittimamente conseguito. Da una prima analisi dei fatti questo sembra essere un punto assolutamente pacifico, che però ha bisogno di essere analizzato da tutte le prospettive. Poiché se non si considerano le specificità delle singole situazioni, si rischia di mantenere un approccio molto rigido, analogo a quello manifestato nelle corti europee negli anni '90. Cioè ci si ferma ad affermare che il titolare del brevetto, ne fa quello che vuole; lo sfrutta come vuole, e che tutti gli altri non hanno nessun diritto di competere con lui, poiché è stato l'originator a conseguire tale brevetto, svolgendo attività di ricerca. Questo è stato il primo approccio in ambito sia europeo che statunitense di fronte alle denunce sulle mancate concessioni di licenze, tutte propense verso la difesa del brevetto, ovvero verso la tutela dell'innovazione. Con il passare del tempo, ed il susseguirsi di casi nuovi, e di vicende speciali, diverse situazioni straordinarie hanno messo in evidenza come, in realtà, anche quando un'impresa chiede un brevetto, o quando un'azienda rifiuta una licenza, non tutto risulti necessariamente inquadrabile nell'esercizio legittimo di un diritto. Si è venuto ad evidenziare il fatto che a volte, quando un'impresa rifiuta una licenza, può, in un certo senso, ottenere "diritti" che non gli spetterebbero in base al brevetto, in circostanze specifiche che si possono manifestare in un particolare mercato. Oppure ci si può imbattere nel caso in cui un'impresa inoltri una richiesta di brevetto in malafede, inganni cioè l'autorità brevettuale, ottenendo un brevetto che non avrebbe dovuto conseguire. In questi casi le autorità di controllo della concorrenza non si soffermano più solo sull'aspetto del diritto di esclusiva, prendendo in considerazione il fatto che un'impresa possiede il brevetto; ma iniziano a chiedersi se quel brevetto sia realmente meritevole, se è stato richiesto legittimamente, se è stata svolta una vera attività di ricerca per procurarsi il diritto di esclusiva ventennale. Ecco che i fatti hanno spinto le autorità di concorrenza ad interrogarsi sempre di più su questa realtà. Per indagare a fondo l'iter evolutivo delle autorità giudiziarie in materia di diritto antitrust, di seguito analizzeremo tre casi, che vedono coinvolte in illeciti antitrust delle grandi case farmaceutiche.

I GENERICISTI, GLI ORIGINATORS E L'INNOVAZIONE.

I genericisti sono un comparto importante del settore farmaceutico. Sono delle imprese che alcuni considerano dei "ladri di idee", ma che in realtà sono dei grandi innovatori. I genericisti sono innovativi, come le imprese che inventano il prodotto (gli originators), ma in un'altra area di studio. Le imprese che ricercano e inventano un prodotto si soffermano molto sulla sostanza, e la producono attraverso le procedure brevettuali, essendo rassicurate economicamente dal fatto di essere tutelate da altri brevetti della propria impresa. In altre parole, esse non hanno la necessità di lavorare su un prodotto che sia molto sicuro e poco costoso, poiché anche se nella ricerca investono una grande quantità di denaro, i colossi possono continuare ad utilizzare il processo produttivo originario, poiché le loro entrate glielo consentono. Non sentono l'esigenza di abbattere i costi di produzione, poiché detengono l'esclusiva brevettuale. Dall'altro lato i genericisti sono quelle imprese che entrano in un mercato quando il brevetto di un'altra impresa scade, e devono essere in grado di riprodurre lo stesso principio attivo, ma con costi di produzione molto più bassi. Devono copiare il farmaco, i processi di produzione che, sono descritti nel brevetto della casa farmaceutica brevettante. Quindi i genericisti possono usufruire, e lo fanno, dello studio del brevetto. Tuttavia, molti passaggi della produzione del farmaco non vengono citati né esposti nel brevetto, poiché gli originator non brevettano mai tutto il procedimento di produzione al completo. I passaggi-chiave rimangono sempre a livello del Know How (ovvero segretati, rientranti nelle competenze specifiche del brevettante). Per tale motivo il genericista ha il bisogno di innovare, cioè deve necessariamente inventare un nuovo processo per produrre la molecola che gli interessa. Pertanto, anche i genericisti vengono considerati operatori della ricerca, anzi spesso i processi produttivi teorizzati dai genericisti, sono talmente funzionali, che le imprese originators, cioè come abbiamo detto sopra, le imprese depositarie del brevetto, che inventano i prodotti, danno in subfornitura la realizzazione dei loro farmaci ai genericisti. Questo perché il campo di intervento dei genericisti è specifico nell'innovazione del processo produttivo, sono degli specialisti nei processi di sintesi delle molecole. L'Italia è un paese povero di originators. Sul territorio nazionale sono poche le imprese farmaceutiche che ricercano e brevettano nuovi farmaci, tuttavia l'Italia si distingue per l'avere in grembo i migliori produttori di principi attivi non innovativi del mondo, seguiti subito dopo dalla Cina, che negli ultimi 10 anni ha incrementato le vendite in questo settore. Tuttavia, i prodotti cinesi creano delle grandi preoccupazioni in Europa, e dubbi in materia igiene dei processi produttivi; poiché la legislazione cinese è meno evoluta, e quindi meno garantita che in

Italia, in materia di sicurezza, e supervisione della produzione. Ribadiamo quindi che un genericista è colui che utilizza le istruzioni per la produzione di un principio attivo, con lo scopo di migliorare tale processo. Mentre un originator è colui che ricerca nuovi principi attivi.

Con questo piccolo bagaglio introduttivo sull'antitrust, possiamo ora cimentarci nella pratica...

ANTITRUST NEL SETTORE FARMACEUTICO

PARTE II

IL PRIMO CASO EUROPEO

ANTITRUST NEL SETTORE FARMACEUTICO

Il primo caso europeo – Il caso AstraZeneca (Losec®)

Il primo caso europeo che ha suscitato un grande dibattito, essendo la prima volta in cui si osservava l'intervento dell'autorità antitrust in relazione ad un comportamento brevettuale illecito nel settore farmaceutico, è il caso AstraZeneca. Questo è un caso famoso in letteratura antitrust, poiché è stato il capostipite di una serie di innovazioni legislative. La sentenza della corte di giustizia su questo caso è del 6 dicembre del 2012. Tuttavia, gli esordi di questo processo sono molto antecedenti a tale sentenza.

Il processo AstraZeneca

Tutto ebbe inizio con la denuncia di alcune imprese alla commissione europea, nei confronti di AstraZeneca. Le imprese che hanno denunciato AstraZeneca erano tutte dei genericisti. La commissione avviò un'indagine, che si dimostrò veramente lunghissima, durò quasi cinque anni e interesserò tutti i paesi dell'Europa del nord. Nel mezzo delle indagini vennero a galla dei comportamenti molto dibattuti da entrambi le parti, e molto controversi. Prima di arrivare ad una decisione, la commissione europea stabilì che tutte le autorità antitrust, di tutti i paesi coinvolti nell'indagine, si sedessero attorno ad un tavolo e prendessero una decisione comune. Il tavolo delle trattative durò moltissimo per via delle divergenze legislative che esistevano tra paesi diversi in materia di antitrust. Al termine delle trattative ne conseguì la decisione della commissione europea, che arrivò il 5 giugno del 2005. Tale sentenza venne subito impugnata da

PARTE II – Il primo caso europeo

AstraZeneca davanti alla corte che è preposta all'eventuale annullamento delle decisioni della commissione europea. Questa è la corte di primo grado dell'unione europea, che emanò la sua sentenza il 1° luglio del 2010, dopo ben 5 anni di indagini. Dopo il primo grado, per evitare errori, esiste un secondo grado di giudizio. Tale secondo grado di giudizio si conclude con una sentenza della corte di giustizia. La sentenza della corte di giustizia ha una grande eco, a livello europeo. Una sentenza della corte di giustizia è una sentenza dalla quale nessuno si può più discostare. Questo perché il giudice della corte di giustizia è l'autorità che dà una corretta interpretazione delle norme europee. Quindi, una volta che la corte di giustizia si è espressa sul caso AstraZeneca, essa ha espresso un giudizio in materia di diritto antitrust europeo, cui, perciò, tutti i paesi dell'UE sono soggetti. Tale sentenza arrivò il 6 dicembre del 2012. Tutto il processo cominciò molto tempo fa, a seguito di un comportamento molto dissuadente, che è stato scoperto dopo più di 7 anni di indagini e due gradi di giudizio, e che ora andremo ad esporre.

LA SPACCATURA TRA PRIMA E DOPO ASTRAZENECA

Questo, pur essendo il primo caso del genere, conduce ad una risoluzione definitiva. La sentenza al caso AstraZeneca ha segnato una spaccatura, tra prima e dopo AstraZeneca. Per portare una metafora, potremmo dire che questo caso ha "infranto il muro del suono", poiché ha portato ad una serie di accorgimenti e prevenzioni, di cui prima non si sapeva neanche l'esistenza. Ora si guarda un brevetto con occhi molto diversi in materia di antitrust. Ci si pongono continuamente interrogativi sulle modalità in cui un'impresa ottiene un brevetto, e si indaga sulla veridicità del brevetto. Inoltre, le autorità antitrust europee hanno riscontrato il fatto che le imprese farmaceutiche europee tendono a non essere dei grandi innovatori; anzi possono rivelarsi anche degli innovatori scorretti. Pertanto, dopo queste vicende, non era più consentito disinteressarsi all'argomento nel settore farmaceutico, ma si prese coscienza del fatto che fosse estremamente importante studiarlo a fondo. Ed infatti cosi è stato. Furono portate avanti delle grandi indagini, che hanno contribuito ad arricchire le competenze giuridiche del settore producendo moltissime istruttorie.

COME NASCE UN NUOVO FARMACO E QUANTO TEMPO UNA CASA FARMACEUTICA NE DETIENE L'ESCLUSIVA?

La tutela brevettuale di un farmaco comprende un arco di 20 anni a partire dalla data di deposito della domanda di brevetto. Dopo la domanda di brevetto la casa farmaceutica può dare inizio alle ricerche, al fine di ottenere la molecola da commercializzare. Hanno inizio i clinical trials (i processi clinici) che, se daranno buoni risultati, in un periodo di studi che può durare dai 4 ai 12 anni, porteranno al conseguimento dell'autorizzazione all'immissione in commercio (AIC). L'AIC può essere ottenuta a livello nazionale, cioè rilasciata dal Ministero della Salute Italiano, attraverso la procedura di mutuo riconoscimento, dopo aver presentato la documentazione inerente, e i risultati delle sperimentazioni sul farmaco, al Ministero della Salute Italiano. Oppure, l'AIC può essa centralizzata, cioè rilasciata da parte dell'EMA: l'European Medicines Agency (L'Agenzia Europea dei Medicinali), nel caso in cui si tratti di farmaci che obbligatoriamente devono avere l'autorizzazione centralizzata, per esempio i Tech, oppure i farmaci per il settore oncologico, eccetera. Nel periodo che intercorre tra la data di deposito della domanda di brevetto e la data dell'autorizzazione all'immissione in commercio, il farmaco, e quindi l'impresa che ne sostiene i costi di ricerca, sconta un periodo di interdizione dal mercato. In altre parole, se oggi un 'impresa deposita la domanda di brevetto, da oggi inizia ad essere tutelata la sua esclusiva brevettuale. Da oggi fino ai prossimi 20 anni. Se l'impresa impiega 12 anni a fare le dovute ricerche, ottiene l'autorizzazione all'immissione in commercio dopo 12 anni dal giorno del deposito della domanda di brevetto. Di conseguenza le rimarranno solamente 8 anni per vendere il prodotto, e trarne dei profitti; dopo di che, il suo brevetto scadrà, e qualunque altra impresa potrà riprodurlo. Pertanto, trascorsi i 20 anni la casa farmaceutica può richiedere un prolungamento della tutela brevettuale, attraverso il Certificato di Protezione Complementare (CPC), [in inglese SPC "Supplementary Protection Certificate"].

Il certificato di protezione complementare

In cosa consiste il caso AstraZeneca? Per raccontarlo dobbiamo partire dal concetto di protezione complementare: Il CPC. L'estensione del brevetto in favore di una casa farmaceutica, potrebbe sembrare un tentativo di prolungare le vendite, e quindi i guadagni, da parte di tale azienda. Tuttavia, va preso atto del fatto che le industrie farmaceutiche che richiedono un brevetto, cioè gli originators, ne sostengono gli elevati costi di ricerca. Quindi, si è reso necessario regolamentare tale condizione, per evitare un comportamento parassita dei concorrenti degli originators. In Italia la possibilità di brevettare un farmaco è stata introdotta nel 1978. Successivamente è stato istituito il Certificato di Protezione Complementare (CPC) con l'emanazione del DPR338/1979, modificato con la legge 349/1991. Il primo CPC comprendeva il prolungamento della tutela brevettuale fino a 18 anni in più dei 20 concessi dalla data di deposito del brevetto (primo CPC 20 anni + 18 anni). Successivamente tale decreto fu abrogato dal regolamento **CEE1762/1992** e sostituito con il nuovo Certificato di Protezione Supplementare (CPC o "Supplementary Protection Certificate" - SPC), che riduceva il prolungamento ad un massimo di 5 anni in più dei 20 concessi dalla data di deposito del brevetto (nuovo CPC 20 anni + 5 anni massimo). Come si calcola il numero di anni di tutela brevettuale che un'impresa farmaceutica può ottenere dal CPC, oltre i 20 stabiliti dal brevetto? Il numero di anni si calcola a partire dalla data della domanda di deposito del brevetto, (primo giorno), alla data di autorizzazione all'immissione in commercio (AIC). Da questo arco di tempo si sottraggono 5 anni, e si ottiene il risultato, il quale non può comunque essere superiore a 5 anni. Per portare degli esempi esemplificativi: se oggi una casa farmaceutica deposita la domanda di brevetto, e ottiene l'autorizzazione all'immissione in commercio tra

8 anni, il numero di anni che il CPC le concede in più sono (8-5=3) tre anni. Poiché i primi 5 anni non vengono considerati. Per portare un secondo esempio: se una casa farmaceutica deposita la domanda di brevetto oggi e ottiene l'autorizzazione all'immissione in commercio (AIC) tra 4 anni, il numero di anni che il CPC le concede in più sono (4-5=-1), quindi zero. Per portare un ultimo esempio esplicativo, se oggi una casa farmaceutica deposita la domanda di brevetto e ottiene l'autorizzazione all'immissione in commercio tra 12 anni, il numero di anni che il CPC le concede in più sono (12-5=7=5) cinque anni, perché abbiamo detto che non si può superare la soglia dei cinque anni di prolungamento oltre i venti tutelati dal brevetto. Il CPC "Il certificato di protezione Complementare" dei farmaci è preso in considerazione anche dal TRIPS (Trade-Related Aspects of Intellectual Property Rights; "Aspetti Correlati al Commercio dei Diritti delle Proprie-

tà Intellettuali") del 1994, che è un trattato internazionale gestito dalla WTO (World Trade Organization) l'Organizzazione Mondiale del Commercio. La WTO successivamente affermò attraverso la "Dichiarazione di Dhoa" del 2001 che il TRIPS poteva e doveva interpretato sotto una luce che mira a promuovere l'accesso alle medicine per tutti.

Il primo comportamento di AstraZeneca: l'abuso brevettuale

Il comportamento di AstraZeneca nacque quando entrò in vigore il sistema della protezione complementare, ovvero il regolamento europeo sulla protezione complementare, il quale, come abbiamo esposto sopra, è del 1992, e risponde alle esigenze delle imprese farmaceutiche. Tali aziende si lamentavano del fatto che l'esclusiva sull'invenzione di un prodotto, e quindi sulla sua vendita, durasse 20 anni. Facevano perno sul fatto di non potersi effettivamente godere a pieno l'esclusiva conseguita, per via di tutte le sperimentazioni che precludevano l'autorizzazione all'immissione in commercio. Pertanto, alla casa farmaceutica brevettante, rimanevano solamente 15 anni, o 10 anni, o 8 anni, a seconda di quanto fosse durata la sperimentazione. Questa battaglia condusse pertanto al riconoscimento della protezione complementare, cioè ad un prolungamento della durata del brevetto. Essenzialmente significava 5 anni in più di esclusiva sulle vendite, e di conseguenza 5 anni in più di extra profitti e rendite di monopolio. Questo rappresentava un enorme vantaggio per l'originator. Con l'entrata in vigore della protezione complementare, del 1992, si stabilì che tutte le imprese le quali avevano depositato il brevetto prima del 1992 e non erano ancora perdute, potevano comunque avvalersi del certificato di protezione complementare, ed inoltrarne richiesta alle autorità competenti, se, e soltanto se, avevano depositato il brevetto prima del 1988, o del 1987, a seconda della Nazione (poiché ciascuno stato aveva apportato delle piccole modifiche interne). Comunque, anno più, anno meno; o mesi più, mesi meno, si stabilì un certo periodo di tempo che permetteva a chiunque avesse depositato la domanda di brevetto entro una certa data, e non prima, di avvalersi di tale protezione, e trarre quindi tutti i benefici dei 5 anni in più di rendite monopolistiche. O comunque anche se fossero stati meno di 5 anni, a seconda del calcolo del CPC, potevano comunque estendere il proprio brevetto. Questo per un'azienda significa un business enorme. Soprattutto nel caso di AstraZeneca, poiché essa commerciava in molte nazioni. Nel caso in questione, il tutto era maggiormente accentuato dal fatto che AstraZeneca commerciasse un farmaco estremamente redditizio. Il Losec®. Il principio attivo di questo farmaco è l'omeprazolo, una molecola che appartiene alla classe degli inibitori della pompa protonica, pertanto viene comunemente somministrato per il trattamento della gastrite, dell'ulcera peptica, e per la malattia da reflusso gastroesofageo. Tale principio attivo ottenne l'autorizzazione all'immissione in commercio, e fu registrato con il nome di Losec®, nel giugno del 1990. Il Losec® è un protettore dello stomaco, molto venduto e molto richiesto. Per farla breve, qualunque farmaco si debba assumere, che presenti delle piccole problematiche, il medico può decidere di abbinarvi il Losec®, per le sue proprietà di un protettore delle pareti dello stomaco. Pertanto, AstraZeneca produceva un fatturato enorme dalla vendita di questo prodotto. Una volta scaduto il brevetto (praticamente il giorno seguente) i genericisti sarebbero subito entrati nel mercato, in tutta Europa, essendo questo un prodotto "lungo prendente". Quando un prodotto è molto venduto, di solito, i genericisti lo attendono alla fine del brevetto, cominciando da prima la ricerca per la sua produzione. Prima entrano nel mercato, e prima iniziano per loro i proventi. Sotto questa luce, AstraZeneca cercò di ottenere in tutta Europa il CPC. Tuttavia, incombeva un problema. In alcuni paesi AstraZeneca aveva depositato la domanda di brevetto prima della data stabilita dal regolamento del 1992. Quindi era fuori tempo, può darsi per qualche mese, per un anno, a seconda del paese, ma comunque non poteva richiedere il certificato di protezione supplementare in alcuni paesi. Allora AstraZeneca sfruttò quella che è considerata una delle maggiori debolezze dell'UE, cioè si approfittò del fatto che non esistesse un brevetto comunitario. In Europa esistono, tuttora, solamente i brevetti nazionali. Anche il brevetto Europeo rimane un fascio dei brevetti nazionali. Ciascuno con la sua legislazione, e ciascuno con le sue regole. Pertanto, AstraZeneca, potremmo dire che sfruttò la lontananza. Stiamo parlando della fine degli anni '80, e inizio degli anni '90.

Internet non era ancora molto utilizzato. Le informazioni non erano facilmente accessibili. Oggi come oggi, AstraZeneca non sarebbe riuscita a fare ciò che fece all'epoca. La domanda di brevetto che contava, ai fini della richiesta del CPC, era la prima depositata in Europa. AstraZeneca la prima domanda di brevetto, l'aveva depositata in Francia, in una data antecedente al regolamento del '92. E nei mesi seguenti, mese dopo mese, l'aveva depositata in tutte le altre nazioni europee. Così accadde che in alcune nazioni poteva richiedere il CPC, perché lo aveva depositato nel 1988, o nell'87, e in altre no perché l'aveva depositato nel 86' - 87'. Pertanto, AstraZeneca intraprese questo comportamento: iniziò a farsi ricevere dalle autorità brevettuali europee e a richiedere i certificati di protezione complementare dichiarando date false. Dichiarava effettivamente dati fallaci. Ma nessuno se ne accorse, perché all'epoca c'era molta meno cooperazione a livello europeo. Se questo accadesse oggi (più di 20 anni dopo) in pochi secondi chiunque potrebbe contattare l'autorità omologa, ad esempio l'ufficio brevetti italiano (solo per portare un esempio, poiché l'Italia non fu coinvolta nel caso di AstraZeneca), richiedendo le dovute specifiche, e in pochi minuti si avrebbe un riscontro di veridicità. All'epoca era molto diverso, c'era un modus operandi meno comunicativo e molta meno interconnessione. Era più semplice dichiarare il falso. Inoltre, l'aspetto linguistico è altrettanto rilevante, e assolutamente non di poco conto. Proprio tale aspetto fu fortemente sfruttato dagli avvocati di AstraZeneca, i quali, nelle traduzioni delle parole in altre lingue, "giocarono" sui lessici. Finsero di fare riferimento al primo "vaglia", al primo "riscontro", alla prima "domanda", e cosi mescolavano le date e creavano confusione. Si difesero dichiarando che, nella traduzione dei fogli per ottenere l'autorizzazione, avevano inteso che si trattasse del primo riscontro, e non della prima domanda, o del primo deposito; dichiarando: «Quello pensavamo che non contasse nulla!» Quindi in questo caotico stato delle cose, che giaceva a metà strada tra il «Ci sei o ci fai?», e il far finta che ciò che si dichiara non sia una menzogna, bensì una "mezza verità", alla fine dei conti AstraZeneca riuscì ad ottenere diversi certificati di protezione complementare, i quali non le sarebbero spettati, ottenendo di conseguenza il prolungamento di 5 anni del brevetto sul Losec®, in tutta l'area scandinava, nei paesi del Baltico, in Francia, in Belgio e in quasi in tutto il nord Europa.

Questo fu il primo comportamento di AstraZeneca, quello che scatenò i genericisti. I quali, quando scoprirono l'illecito, fecero il giro degli uffici dei tutor e decisero di inoltrare denuncia. Si aprì cosi il procedimento. Il processo fu lunghissimo. Riuscire a scoprire un atteggiamento celato di tale dimensione, non era semplice. Si trattava di svelare una menzogna a tuttotondo.

Le autorità antitrust si trovarono di fronte ad una situazione che non era di loro abituale competenza. Quotidianamente si cimentano con l'individuazione di comportamenti molto aggressivi, quali possono essere la vendita sottocosto, il rifiuto all'accesso ferroviario. Tuttavia, l'autorità antitrust era digiuna di esperienza riguardo la determinazione delle menzogne. Da principio l'autorità garante della concorrenza non ritiene possibile che un'impresa possa addirittura aver dichiarato il falso all'autorità brevettuale, poiché questo non è il tipico comportamento antitrust. All'inizio ci fu un certo imbarazzo nel dover accertare tale tipo di illecito. E quando fu evidente che i dubbi erano fondati, la verità venne fuori e si determinò l'illegalità. AstraZeneca aveva mentito alle autorità brevettuali, per ottenere il CPC. A questo punto, quando venne a galla la verità, ci si posero delle domande. Sulla constatazione del fatto che AstraZeneca aveva infranto solamente il procedimento brevettuale, dov'era allora l'illecito antitrust? AstraZeneca, avendo mentito alle autorità brevettuali, doveva ricevere delle sanzioni dalle medesime. Quali erano le competenze dell'antitrust a questo punto? La commissione europea ricevette questo interrogativo da molte autorità nazionali, le quali le contestavano il fatto che, essendo stato svelato l'illecito amministrativo, tale procedimento sarebbe dovuto continuare davanti all'ufficio brevetti. Questo è il tipico caso di abuso brevettuale, e del gravissimo impatto anti-competitivo che ne consegue. Questo è un comportamento di competenza dell'antitrust, perché il brevetto era utilizzato, non come strumento per favorire lo sviluppo scientifico, ma come mezzo per deprimere l'innovazione, e anche la concorrenza. AstraZeneca era l'impresa che deteneva la posizione di monopolio in questo mercato. Aveva brevettato un prodotto molto efficace e, benché altri prodotti fossero stati inventati e immessi nel mercato da altre aziende, il Losec® era di gran lunga il più venduto, e questo faceva di AstraZeneca il leader del mercato, ne deteneva la posizione dominante. La scadenza del suo brevetto avrebbe decretato l'ingresso dei prodotti generici nel mercato. E questo avrebbe significato un "respiro" dal punto di vista dei prezzi. Inoltre, la scadenza del brevetto, avrebbe dovuto spronare un'azienda efficiente come AstraZeneca a sperimentare un nuovo farmaco, realmente innovativo, con il quale tale impresa sarebbe stata nuovamente in grado di sbaragliare la concorrenza, per suo merito, poiché è questo lo scopo che il brevetto si prefigge, quello di motivare le aziende farmaceutiche ad innovare. Così facendo, AstraZeneca poteva entrare nel mercato e mostrare il suo nuovo prodotto, affermando realmente di aver innovato, e mostrandosi superiore al farmaco generico. In questo modo il generico non avrebbe avuto lunga vita. Tuttavia, AstraZeneca optò per l'allungamento del brevetto. Pertanto, con l'abuso di brevetto, non ha solamente ostacolato l'innovazione dei genericisti nel loro campo, ma ha bloccato anche la propria innovazione. Invece di essere competitiva secondo i meriti, ovvero, iniziando la ricerca per un nuovo prodotto innovativo, al fine di ottenere un nuovo brevetto, AstraZeneca ha, senza averne il diritto, prolungato la durata della esclusiva che già deteneva. Ribadiamo a questo punto, per evitare incomprensioni che, se ad AstraZeneca il CPC fosse realmente spettato, allora non sarebbe insorta alcuna complicazione. Il suo brevetto era effettivamente scaduto, era troppo antecedente la data stabilita per la richiesta di una certificazione complementare. Lei aveva posseduto tale brevetto troppo a lungo. E con tutto ciò AstraZeneca riuscì ugualmente a protrarre illegittimamente la protezione brevettuale, che per legge non gli sarebbe dovuta spettare. Così facendo, creò una *doppia barriera*. Una barriera alla concorrenza dei prezzi del generico, e una barriera al proprio rinnovamento. Badate bene che il concetto di barriera alla propria innovazione non era scontato, essendo AstraZeneca il migliore candidato al rinnovo in questo settore, sia per leadership che per possibilità economiche. Rimane il fatto che questa impresa scelse di "sedersi sul proprio brevetto" invece di scegliere di innovare. E questo è un tipico atteggiamento di abuso dello strumento brevettuale. Attraverso menzogne riguardanti l'origine della domanda di deposito del brevetto, l'impresa ottenne un allungamento della protezione complementare. Pertanto, tale impresa godette di diritti che non gli erano dovuti. Questi sono i motivi che decretarono la condanna di AstraZeneca ad abuso brevettuale, ostacolo alla concorrenza e comportamento anticompetitivo.

Il secondo comportamento di AstraZeneca: l'abuso di posizione dominante

Il secondo comportamento di AstraZeneca risedette nell'abuso di posizione dominante.

Il delisting – Una pratica facilitante

Un'impresa che intende vendere un prodotto in una o più nazioni deve richiedere ed ottenere l'autorizzazione all'immissione in commercio (AIC) in ciascuno di questi paesi. All'epoca alcuni paesi avevano una legislazione in base alla quale un generico poteva entrare nel mercato, solo e soltanto se non era stata revocata l'AIC del farmaco originale. Questo tipo di legislazione viene designata dai giuristi con il termine di "pratica facilitante". Una amministrazione può richiedere il delisting, ovvero la revoca dell'AIC. A questo punto è lecito porsi la seguente domanda: «Un'impresa farmaceutica che detiene l'AIC, da cosa può essere indotta a ritirarla?». Le risposte a questa domanda sono due: o quando ci si accorge che il farmaco ha effettivamente degli effetti avversi sproporzionati, che non erano stati previsti in fase di ricerca scientifica; oppure al fine di bloccare i genericisti nella commercializzazione del proprio prodotto. In questo secondo caso una ditta può elaborare un aggiustamento del prodotto originario, richiedendo un secondo brevetto. Così facendo, tale casa farmaceutica, non ha più alcun interesse a rimanere nel mercato con il suo precedente prodotto.

Il refresh – Il farmaco di nuova generazione

La norma sul delisting prevedeva che i genericisti potevano entrare nel mercato, solo a condizione che in tale mercato fosse presente anche l'originator. Pertanto, il titolare del brevetto prima della scadenza, aveva la possibilità di ritirarlo dal mercato, inserendo in commercio il cosiddetto "farmaco di nuova generazione". In altre parole, operava il "refreshment" (il rinfresco, la ricreazione) della prima innovazione, cioè modificando la struttura atomica della molecola originale e inserendo uno o due atomi in altrettanti siti molecolari, si poteva inoltrare una nuova domanda di brevetto. Tuttavia, modificando la struttura del prodotto, non si poteva effettivamente dichiarare di aver creato una molecola più efficace, ma solo di aver creato una molecola diversa. Restava da stabilire se tale molecola fosse realmente innovativa e degna di ricevere un nuovo e soprattutto un "*diverso*" brevetto. Tuttavia, generalmente le autorità brevettuali, di fronte a qualsiasi microscopica modifica, percepivano un'innovazione e concedevano un nuovo brevetto con facilità, senza impelagarsi in approfondite ricerche per stabilire se tale nuovo prodotto fosse migliore o dissimile dal precedente. I genericisti a seguito del rilascio del nuovo brevetto avevano un periodo di opposizione. In tale periodo ai genericisti era concesso di presentare tutte le osservazioni del caso ed entrare a far parte del processo di concessione del nuovo brevetto. Questo consentiva di avere un ulteriore supervisione e monitoraggio, oltre quello effettuato dall'autorità brevettuale. E in questo modo i genericisti acquisivano effettivamente la possibilità di bloccare il processo di concessione del brevetto, il tutto accentuato dal fatto che i costi erano contenuti, poiché ci si muoveva in ambito amministrativo. Pertanto, avevano la probabilità di riuscire ad impedire il rinnovo del brevetto, depositando delle prove all'esaminatore e facendo, quindi, una forte opposizione.

La vicenda del secondo comportamento di AstraZeneca

La vicenda si sviluppò nel seguente modo. AstraZeneca dopo aver richiesto ed ottenuto un secondo brevetto sul Losec®, dichiarando di aver apportato delle modifiche significative alla molecola originale, richiese il cosiddetto delisting sulla molecola precedente, ovvero la deroga all'autorizzazione all'immissione in commercio, tagliando fuori dal mercato i genericisti, i quali privati dell'AIC non avrebbero più potuto smerciare il prodotto. Il colosso farmaceutico dichiarò di aver richiesto il delisting sulla prima invenzione, dichiarando di non essere ulteriormente interessato a commercializzarlo. Inoltre, pose l'accento sul proprio diritto di rimuovere l'AIC da un prodotto di sua proprietà. I genericisti in questo modo dipendevano dalle decisioni di AstraZeneca. Benché l'impresa depositaria dell'invenzione avesse stabilito di non essere più interessata a smerciare tale farmaco, ritenendo che fosse un prodotto superato, essa non avrebbe dovuto rimuovere l'AIC al precedente brevetto, poiché in questo modo tolse ai genericisti la possibilità di replicarlo e, quindi, di innovare nel proprio settore. Ovviamente AstraZeneca ribadì che non stava trasgredendo la legge, ma che, richiedendo il delisting, operava all'interno dei propri limiti legali. Non voleva tenere il peso dell'arbitrio della concorrenza tra i genericisti tutto sulle proprie spalle. Il delisting era una pratica autorizzata dalla legge, pertanto praticabile dalle aziende brevettanti, che detenevano "il potere sull'ago della bilancia". Dobbiamo considerare che negli anni '90 le imprese erano meno combattive, molti genericisti rinunciavano ad intraprendere azioni legali nei confronti dei colossi, per le spese, e per timore che l'autorità antitrust tutelasse maggiormente le grandi imprese. Il comportamento di AstraZeneca fu valutato anti-competitivo poiché era il leader nel proprio settore. in base al diritto antitrust, essere il leader, investe un'azienda di speciali responsabilità. E questo processo si basò interamente su tale principio. Poiché, qualora fosse stata una piccola azienda, non sarebbe incorsa in alcun tipo di sanzione. Essendo però lei dominante, le veniva contestata la rimozione dell'autorizzazione all'immissione in commercio, al fine di danneggiare i genericisti. AstraZeneca non ne traeva alcun vantaggio apparente dalla revoca dell'AIC. Pertanto, pur avendo esercitato un proprio diritto legittimo, lo aveva esercitato da una posizione dominante, e questo apriva il panorama a molte altre prospettive. Per utilizzare una terminologia propria della corte di giustizia, potremmo dire che: «AstraZeneca non si è comportata secondo i canoni ed i criteri della concorrenza nei meriti». Dopo la scadenza del proprio brevetto, AstraZeneca non ottenne la vittoria sul mercato perché produceva il prodotto migliore, bensì trionfò per comportamenti scorretti verso la concorrenza. Aveva debellato i genericisti, perché era riuscita ad immettere nel mercato un nuovo prodotto, rimuovendo il precedente dalla concorrenza. Non essendo il farmaco migliore del precedente, e non essendo realmente ed efficacemente innovativo, non avrebbe sopportato la presenza del suo predecessore (il Losec®); il quale, se fosse caduto nelle mani dei genericisti, avrebbe riportato delle piccole migliorie nel processo di produzione, ed un prezzo di commercio più basso, cosi da diventare estremamente competitivo per le casse del colosso farmaceutico, il quale, con la tutela del brevetto, poteva mantenere un prezzo più alto. Pertanto, AstraZeneca, non avendo il prodotto migliore, non riuscì a "sconfiggere" i genericisti per merito, bensì revocando loro il diritto amministrativo di persistere nel mercato. Questo comportamento non poteva essere considerato lecito per la concorrenza nel merito. I leader devono vincere secondo merito, grazie alle innovazioni, grazie al prodotto migliore, grazie al prodotto che i medici preferiscono. E tale pregio porta con sé il privilegio di un prezzo di mercato maggiore del generico. AstraZeneca invece rimosse gli antagonisti proprio mentre si trovavano in procinto di entrare nel mercato, attuando un comportamento scorretto, che è contrario al concetto di speciale responsabilità, e correttezza comportamentale, che incombe sui leader del mercato. Pertanto, fu condannata per *abuso di posizione dominante*!

PARTE III

UN CASO CHE DIVIDE

ANTITRUST NEL SETTORE FARMACEUTICO

Un caso che divide – Il caso Pfizer-Ratiopharm (Xalatan®)

Prima di narrare questo caso, dobbiamo chiarire in modo conciso il concetto di brevetto divisionale, che è considerato un istituto basilare del diritto industriale, ed è uno strumento che nasce fondamentalmente per esigenze fiscali. Nel diritto industriale vige un principio di fondo, il principio dell'unitarietà dell'innovazione, secondo il quale ad ogni domanda di brevetto deve corrispondere solo ed esclusivamente un'unica invenzione. Questo risponde all'esigenza che si presenta nella deposizione di un nuovo brevetto. Quando si deposita un nuovo brevetto, vengono pagate delle tasse di concessione governativa; pertanto, se l'inventore potesse depositare tutto ciò che desidera nelle clausole del brevetto, ne trarrebbe un vantaggio, a fronte di un costo contenuto. Questo principio viene erogato solo nel caso dell'innovazione di un procedimento, che conduce ad un nuovo prodotto. Pertanto, nel caso in cui la coniugazione di più procedimenti sfoci in uno specifico nuovo prodotto, tale prodotto potrà essere contenuto all'interno di un'unica domanda di brevetto. Le claims (dall'inglese "to claim" che significa "affermare"), sono le indicazioni che vengono inserite all'interno di una domanda di brevetto, e che descrivono il processo inventivo, che si vuole tutelare. In altre parole, sono delle locuzioni che, descrivono il prodotto in virtù del procedimento. Normalmente quando molte invenzioni convergono in un singolo prodotto, spesso e volentieri si ha una famiglia di invenzioni, legate ad un metodo creativo, che ha realizzato il brevettante nel corso del processo di invenzione. Pertanto, si dovrebbero depositare tante domande quante sono realmente le invenzioni. Questo comporta un costo. Pertanto, c'è la possibilità di depositarle tutte con un'unica domanda di brevetto. Questo consente al brevettante di acquisire una data certa, tale da permettere la tutela del prodotto finale che consiste nell'unione di più prodotti. In questo modo lo Stato tutela tutte le diverse invenzioni in un'unica domanda. Dopo il deposito della domanda l'impresa acquisisce 12 mesi di tempo per estendere il proprio brevetto all'estero. In questo periodo l'esaminatore valuterà, attraverso l'analisi dettagliata di ciascuna claim, se nella domanda di deposito sia contenuta una sola invenzione, oppure se tale invenzione è il prodotto di più invenzioni, camuffate e confuse, all'interno del processo di produzione depositato. Al termine dell'analisi l'esaminatore riporterà all'inventore il rapporto di ricerca (il "research report"), il quale è il frutto di tutte le investigazioni operate dall'esaminatore nella banca dati; quindi riporta tutte le dovute osservazioni sul prodotto in esame, su ciascuna claim. Ad esempio: «Dalla claim 1 alla 7, l'invenzione attiene ad una determinata procedura; mentre dalla 8 alla 12 abbiamo una procedura distinta dalla prima, dalla 13 alla 14 ho individuato un determinato kit ... eccetera, eccetera». Dopo la consegna del research report, che avviene uno o due anni dopo il deposito della domanda di brevetto, l'esaminatore può proporre al brevettante, qualora lo ritenga opportuno, di inoltrare le domanda di divisionale. In questo arco di tempo l'innovatore avrà quindi risparmiato i costi del deposito di tutte le invenzioni contenute nella domanda di deposito del brevetto, la quale lo ha tutelato conferendogli i diritti di anteriorità, con la conseguente abilità di estendere il numero dei brevetti. Solo a questo punto l'impresa potrà decidere se e quali tutele brevettuali vorrà mantenere in vita. E in questa fase suddividerà l'originale domanda di brevetto in tante domande divisionali, che hanno tutte come data di riferimento il deposito iniziale omnicomprensivo. Per cui con questa strategia, l'impresa riesce ovviamente a guadagnare tempo, a volte a camuffare l'insieme dei processi, in modo tale che non si riesca a comprendere i limiti tra un'innovazione e la seguente.

Il contesto storico del caso Pfizer-Ratiopharm

La vicenda Pfizer-Ratiopharm si svolge in un'epoca in cui alle imprese era concesso un lungo periodo di tempo per presentare le domande di brevetto divisionale. Erano previsti 10 anni, al fine di individuare, dal punto di vista della produzione industriale, le dovute distinzioni nei processi inventivi, utili al fine della realizzazione del prodotto finale brevettato. In tale periodo le ditte erano tentate di sfruttare strategicamente la domanda divisionale. Si poteva incappare nella contestazione di detenere un brevetto ragionevolmente invalido. Tuttavia, tutti i benefici che derivavano dalla titolarità del brevetto, potevano essere utilizzati a pieno titolo, poiché, quando si consegue un brevetto, si ottiene una protezione tale da ammonire chiunque stia cercando di inserirsi nel processo di produzione, semplicemente facendo valere il proprio deposito originario. Pertanto, chiunque avrebbe tentato di ricreare parti del protocollo di produzione dell'azienda brevettante, aveva il diritto di contestare l'invalidità del brevetto, ma non aveva il diritto di richiedere l'esclusiva su processi impliciti ancora in fase di divisione, altrimenti poteva incorrere nell'illecito di contraffazione. Questo perché la ditta originator, pur essendo in fase di richiesta di un divisionale, poteva far valere i propri diritti derivanti dalla prima data di deposito del brevetto. Pertanto, la protezione del brevetto originale era rafforzata dal lungo periodo che veniva concesso, al fine della determinazione della presenza di più invenzioni all'interno di un nuovo, e più innovativo, prodotto. Oggi è concesso 1 anno invece di 10, e questo induce le imprese, da subito, a prendere in considerazione tutti gli accorciamenti che si potranno presentare a seguito della consegna del research report. Dal punto di vista dell'antitrust insorge un problema di ostacolo della concorrenza nel caso in cui il deposito di un brevetto divisionale effettivamente risulti non essere innovativo, e non conduca ad un prodotto migliore o diverso, quando, cioè, un'impresa inoltra una richiesta di brevetto divisionale con l'unico intento di precludere alla concorrenza l'utilizzo delle parti del proprio processo produttivo, non più coperte dalla tutela brevettuale. Ed è proprio questo ciò che è accaduto nel prossimo caso che andremo ad illustrare di seguito.

L'INADEMPIENZA E IL DOPPIO DANNO

La vicenda coinvolge due imprese, l'operatore Pfizer e il concorrente Ratiofarm. Ratiopharm è un'impresa che si interessa principalmente della produzione di generici. Il principio attivo per il quale è sorto il contenzioso è il latanoprost, brevettato dalla casa farmaceutica Pfizer. Il latanoprost è un analogo delle prostaglandine utilizzato per la cura del glaucoma e dell'ipertensione oculare. Tale principio attivo ha ottenuto l'autorizzazione all'immissione in commercio nel luglio del 1997 con il nome di Xalatan®, ed ha ottenuto il rinnovo dell'autorizzazione nel dicembre del 2006. L'impresa Pfizer era il titolare di una serie di brevetti, in svariate nazioni europee, nelle quali era tutelata l'esclusiva di vendita del principio attivo latanoprost, che aveva una durata ben determinata. Il sistema brevettuale farmaceutico dava il diritto di estendere tale durata, nel caso in cui l'originator avesse impiegato molte risorse, economiche e temporali, nelle sperimentazioni del prodotto. Il sistema utilizzato per tale estensione era il rilascio del certificato di protezione complementare (CPC), il quale consentiva all'impresa brevettante di rifarsi di tutto il tempo in cui non aveva potuto sfruttare l'invenzione, in termini di retribuzione. Per accedere a tali diritti di protezione complementare, le ditte innovatrici avevano dei tempi stabiliti dalle autorità brevettuali. Nel caso della Pfizer accadde che i consulenti in proprietà industriali furono inadempienti, cioè dimenticarono letteralmente di richiedere il CPC per lo Xalatan®, in tre Paesi europei: la Spagna, l'Italia e la Grecia. Questo per un'azienda grande come la Pfizer consisteva in un enorme, ed imprevisto, svantaggio. Le grandi aziende farmaceutiche possiedono un portfolio di tre o quattro brevetti, che rendono all'impresa milioni di dollari o euro all'anno, e lo Xalatan® per la Pfizer era uno di questi. La dimenticanza della richiesta di estendere la protezione brevettuale per altri anni, permetteva ai genericisti dei paesi in cui non era stato richiesto il CPC, di entrare nel mercato non appena fosse scaduto il brevetto. Questo rappresentava un doppio danno per l'originator. Il primo danno consisteva palesemente nella possibilità dei genericisti di riprodurre e commerciare il farmaco nei paesi in cui non era stata inoltrata la domanda di richiesta del CPC. Quindi i genericisti avrebbero potuto iniziare lo smercio in questi paesi, mentre negli altri vigeva ancora la copertura brevettuale e quindi l'esclusiva della Pfizer. Il secondo danno era ancora più significativo, e consisteva nel fatto che, appena fosse scaduto il brevetto negli altri stati, immediatamente ci sarebbe stato l'avvento del farmaco generico in quei paesi. Questo era un ulteriore ingente danno, poiché solitamente dalla data di scadenza di un brevetto, passano alcuni mesi, finanche un paio di anni, prima che i genericisti si introducano nel sistema commerciale, ma in questo caso questi paesi dove non persisteva la protezione brevettuale avrebbero fatto da "cavalli di Troia" per l'invasione dei mercati delle altre nazioni, dopo la scadenza del brevetto.

L'ESCAMOTAGE DIVISIONALE

Un genericista, quando vuole entrare nel commercio di un determinato farmaco, mentre ancora è in vigore il brevetto della ditta depositaria, deve necessariamente richiederne l'autorizzazione al proprietario, e potrà commercializzare tale prodotto solo nelle zone stabilite dalla licenza concessagli. Un comportamento, che può essere contestato tra gli originator, quando il brevetto è in procinto di scadere, è quello di intraprendere campagne volte a rallentare i genericisti. Tale atteggiamento può e viene tutelato dalle autorità antitrust. Una delle azioni intraprese dai grandi colossi farmaceutici è quella di creare, prima della scadenza di un brevetto, un farmaco di nuova generazione, stringendo accordi con i genericisti. Nel caso in questione Pfizer si ritrovò in grandi difficoltà su questo, poiché la copertura parziale del brevetto dello Xalatan®, non le consentì di attuare manovre strategiche in questa direzione. Aveva dei reali impedimenti nel fronteggiare i genericisti. Pertanto, ideò un escamotage volto ad immobilizzare qualsiasi intenzione dei genericisti, nei tre paesi in cui stava terminando la sua esclusiva, di intromettersi nel "suo, ormai non più solo suo" mercato. Chiese solo in Spagna Italia e Grecia un brevetto divisionale. In altre parole, dimostrò che il latanoprost non era una sola invenzione, bensì era la fusione di due invenzioni. L'inadempienza dei propri consulenti portò la Pfizer a inoltrare la domanda divisionale solo in quei paesi in cui c'era stata la negligenza. Questo comportamento nello scenario farmaceutico mondiale, è considerato più unico che raro. Comunemente la richiesta di brevetto divisionale si inoltra in tutti i paesi in cui viene venduto il prodotto. Tutti i trattati internazionali convergono nell'esigenza di far ottenere alle imprese la tutela in tutto il mondo della propria invenzione. Tuttavia, questo comporta delle spese di deposito. La Pfizer optò per una domanda selettiva del brevetto. Questo insospettì molto le autorità antitrust, poiché un atteggiamento del genere lasciava intendere che quel brevetto divisionale serviva al colosso farmaceutico solo in quelle tre nazioni, e non in tutto il mondo, per uno scopo ben preciso. Tale scopo era quello di impossibilitare ai genericisti di quei tre Paesi l'entrata nel mercato. Se le invenzioni fossero state due, e non una, la domanda di divisionale avrebbe dovuto essere inoltrata ovunque. L'impresa Pfizer presentando la richiesta di brevetto europeo, selezionò solo tre Paesi, e questo lasciò intendere che quello fosse un divisionale di comodo. Ad ogni modo, passati i tempi di valutazione, il divisionale venne concesso alla Pfizer dall'ufficio brevetti europeo di Monaco, l'EPO (European Patent Office).

La condotta Anti-Genericisti

La Pfizer ottenne il brevetto divisionale sullo Xalatan®. A seguito di questo evento instradò una condotta molto aggressiva nei confronti dei genericisti dei paesi nei quali aveva ottenuto la protezione del nuovo brevetto. In Italia si trovò in conflitto con la Ratiopharm, una ditta che produce farmaci generici, e che era in procinto di lanciare il latanoprost nel mercato italiano. Il denunciante italiano fu più volte ammonito tramite lettere ed e-mail, provenienti dalla Pfizer, nelle quali si faceva riferimento al conseguimento del brevetto, e quindi alla protezione del principio attivo, e al conseguente diritto di esclusiva sulla commercializzazione del latanoprost nella penisola tricolore. Tale corrispondenza intimidatoria, faceva pressione alla Ratiopharm, intimandole di retrocedere nei propri intenti di commercializzazione del principio attivo, poiché a seguito del conseguimento del brevetto divisionale, la Pfizer aveva inoltrato la richiesta del CPC anche in Italia. Il nuovo brevetto dimostrava che lo Xalatan® era il prodotto di due invenzioni e non di una, pertanto la Ratiopharm avrebbe potuto smerciare solo la prima metà del brevetto e non la molecola completa, in quanto era il risultato di due invenzioni, e sulla seconda di queste la Pfizer detenendo l'esclusiva, avrebbe potuto citare la Ratiopharm per contraffazione. Apriamo una breve parentesi per stabilire che i brevetti divisionali possono contenere anche 10 invenzioni al loro interno, non è inusuale vederne di cotali. Ma va sottolineato che per ciascuno di questi va richiesto un brevetto sin dall'inizio, e tale brevetto va esteso in tutto il Mondo. Nel caso in questione ribadiamo che il brevetto divisionale era stato depositato in soli tre Stati, e in tempi del tutto discutibili.

Il procedimento amministrativo

Il procedimento amministrativo è una serie di verbali amministrativi predisposti all'emanazione di un atto conclusivo denominato "provvedimento amministrativo". Tale provvedimento offre una rilevanza di carattere autoritario. Esso è sotto la supervisione del responsabile del procedimento amministrativo. In altre parole, il procedimento amministrativo tende ad evitare un processo giudiziario davanti al TAR, permettendo di sottoporre la validità di una nuova invenzione all'autorità brevettuale. La normativa brevettuale sancisce un principio estremamente importante, sulla base del quale, quando ad un'impresa viene concesso e riconosciuto un brevetto, tale brevetto si presume valido, sin quando non viene annullato da un giudice. Pertanto, in questo settore l'autorità antitrust non possiede alcun requisito per intervenire. La competenza dell'autorità antitrust consiste nel contestare un comportamento opportunistico, nell'utilizzo del brevetto validamente concesso al richiedente. Non le è concessa l'autorità di stabilire se tale brevetto sia innovativo o meno, e tantomeno se un brevetto sia valido o no. Il caso Pfizer-Ratiopharm poneva in calce proprio il contenzioso sulla veridicità del brevetto. Il colosso farmaceutico possedeva un brevetto legittimamente protetto, poiché non era stato annullato da alcun giudice. Tuttavia, Ratiopharm poteva immettersi nel processo di validazione del brevetto attraverso un'opposizione all'apposito ufficio che lo aveva concesso. Ribadiamo per chiarezza che il procedimento amministrativo non è una causa, e non c'è un tribunale a mediare i contenziosi. Nel procedimento amministrativo a seguito della concessione di un brevetto, l'autorità brevettuale (l'EPO) concede, al fine di valutare errori di concessione, l'opportunità di opporsi al rilascio del brevetto. Pertanto, a qualsiasi esperto del settore è permesso di intromettersi, entro un certo periodo di tempo, al fine di contestare la validità di un nuovo brevetto, tramite la presentazione di prove a sostegno della propria opinione. Così il denunciante elaborò un giudizio di opposizione nei confronti del latanoprost, contestando la domanda del brevetto divisionale presentata dalla Pfizer. In questo contesto venne chiamato in causa l'autorità garante del commercio e del mercato, la quale si mosse, nelle sue operazioni di indagine, durante il procedimento di constatazione della veridicità del brevetto richiesto dalla ditta originator. Ovvero l'antitrust intervenne nel periodo di tempo durante il quale il secondo brevetto non era ancora definitivo; poiché era in fase di valutazione, per via del contesto da parte del concorrente.

IL PRIMO GRADO DI OPPOSIZIONE

Il procedimento di opposizione fu introdotto nelle legislazioni brevettuali, sotto consiglio delle autorità antitrust, in particolare attraverso il sostegno della FTC (Federal Trade Commission, la Commissione Federale per il Commercio) che è la più importante 'agenzia statunitense per la tutela dei consumatori, fondata nel 1914 per vigilare, prevenire ed eliminare i comportamenti anti-competitivi, nelle pratiche di mercato (di cui tra l'altro quest'anno ricorre il centenario della fondazione). La FTC assieme alle autorità antitrust di molti altri Paesi, introdussero il procedimento di opposizione all'interno del procedimento di concessione dei brevetti, per due motivi fondamentalmente. Il primo era l'esigenza di evitare di incorrere, per ogni piccolo contenzioso, in un processo troppo lungo, e soprattutto dispendioso per i piccoli concorrenti; il secondo era il bisogno di evitare che brevetti falsi entrassero nel mercato. E quale era il modo migliore di perseguire tale risultato, se non quello di dare la possibilità di fare opposizione prima ancora della concessione del brevetto? Tale necessità è emersa col tempo, perché si veniva sempre più evidenziando la necessità, unita all'impossibilità dell'autorità antitrust di contestare un brevetto. Pertanto, si è delegato tale compito agli esperti del settore (i piccoli o grandi denuncianti), i quali possiedono le competenze per valutare se la richiesta del brevetto di un concorrente sia reale o fittizia. Un concorrente è sicuramente in grado di fornire prove e indizi molto dettagliati, per permettere al responsabile del procedimento amministrativo di valutare se un'invenzione esista. Il processo di opposizione consente ai concorrenti di inserirsi nel processo di rilascio del brevetto, per impedire ai rivali di ottenerlo. In principio l'ufficio brevetti tende a rilasciare i brevetti senza inoltrarsi troppo nei dettagli, ma senza essere superficiale, a seguito del rilascio viene concesso un periodo di tempo di opposizione, al termine del quale, se l'opposizione non è efficiente, e non presenta alcuna prova di invalidità, il brevetto viene convalidato definitivamente. L'unico momento in cui è concessa l'opposizione è nei mesi tra il rilascio del brevetto e la convalida definitiva. Va rammentato che tutto questo procedimento non è mediato da un giudice, ma è interamente sulle spalle dell'autorità brevettuale, la quale nei casi di contestazione del brevetto riesamina tutte le prove a supporto dell'opposizione e ne decreta la concessione. Ora che abbiamo sviscerato a fondo il significato del processo di opposizione, possiamo riportarlo all'interno della narrazione della vicenda che stiamo esaminando. L'impresa Ratiopharm fece appello di opposizione presentando a supporto della propria opinione le ricerche, secondo le quali il brevetto divisionale richiesto dalla Pfizer non era valido, poiché il latanoprost non era, a parere del genericista, l'unione di due invenzioni, bensì una sola invenzione, e pertanto non separabile.

PARTE III – Un caso che divide

L'ANNULLAMENTO DEL BREVETTO DIVISIONALE

A seguito della consegna minuziosa di tutte le prove, e dell'analisi di una equipe di scienziati (la commissione tecnica) dell'EPO, incaricata del riesamino della domanda, ovvero l'ufficio brevetti di Monaco, diede ragione all'oppositore, rifiutando la convalida del brevetto divisionale richiesto dalla Pfizer. Le prove portate a supporto dell'annullamento del divisionale furono convincenti. Pertanto, sembrò che Pfizer avesse abusato della procedura del brevetto, richiedendo un divisionale invalido. A questo punto l'autorità antitrust chiuse il procedimento e condannò il colosso per aver commesso l'illecito di abuso di procedura brevettuale, al fine di frenare la concorrenza. La presenza del brevetto "immobilizzava" l'antitrust poiché se il brevetto fosse stato lecito, non sarebbe potuta intervenire facilmente, mentre a seguito dell'annullamento del brevetto si svelò che Pfizer aveva tentato una manovra strategica al fine di estromettere i concorrenti dal mercato, perciò ricevette una sanzione di oltre 10.000.000.00€.

Il secondo grado di opposizione e la riconferma del divisionale

A seguito della condanna accadde qualcosa di imprevedibile. La Pfizer impugnò la sentenza dell'autorità brevettuale e fece ricorso al secondo grado di giudizio di opposizione. E procedendo con le stesse modalità descritte nel paragrafo precedente, ma in senso opposto, riuscì a ribaltare definitivamente la sentenza, ottenendo il brevetto divisionale. L'ufficio europeo dei brevetti dispose la legittimità del brevetto, il quale, dopo questo livello di giudizio, considerando che il verdetto non può essere ulteriormente modificato, né ci sono altri gradi di appello, rimarrà valido e meritevole. La decisione dell'EPO, fu apparentemente basata su dettagli estremamente minuziosi, ma restò il fatto che l'ufficio brevetti aveva apposto il suo sigillo definitivo. E per annullare tale sigillo occorreva portare il caso dinanzi a un giudice. Nessuno lo fece. Pertanto, il brevetto rimase valido.

La condanna di abuso del diritto

Mentre la Pfizer riceveva la conferma della concessione del brevetto, il contenzioso con Ratiopharm continuò davanti al giudice amministrativo, poiché occorreva rivedere la precedente sentenza dell'antitrust. A questo stadio della vicenda si aveva un divisionale autorizzato, pertanto l'impresa innovatrice, nel proprio intento di far retrocedere la concorrente Ratiopharm, era nel pieno dei suoi diritti. Di chi era stato l'errore, dell'autorità antitrust, o dell'ufficio brevetti? La Pfizer si difese additando l'antitrust come incompetente, poiché l'EPO le aveva concesso un brevetto e la Pfizer contestava il fatto che l'antitrust la stava semplicemente accusando di averlo richiesto. Tuttavia, nel progredire del processo e con la presentazione di tutta la documentazione proveniente dalle intercettazioni dell'antitrust e dall'evolversi della vicenda, il Consiglio di Stato, cioè il giudice amministrativo di massimo livello, emise il proprio decreto definitivo. La casa farmaceutica Pfizer agendo all'interno dei propri limiti legali, in quanto detentrice del brevetto di esclusiva legittimo, pur ritenendo, come concessole dalla legge, di depositare il brevetto in soli tre Stati dell'EU, sulla base delle prove presentate dall'autorità antitrust, nelle quali sono evidenti gli intenti di nuocere alla concorrenza, dal Consiglio di Stato è condannato per l'illecito di abuso del diritto. Tale illecito è un istituto antichissimo dell'ordinamento giuridico. In parole semplici, il Consiglio di Stato decretò che la Pfizer, pur avendo il diritto di richiedere un divisionale, non avrebbe comunque potuto, con il secondo brevetto, ampliare la propria gamma produttiva, pertanto non aveva altro intento, se non quello di bloccare i genericisti. Un evento in particolare indusse il Consiglio di Stato ad emanare tale sentenza, e fu un'ordinanza istruttoria che chiese al colosso farmaceutico, delle spiegazioni inerenti i vantaggi che avrebbe tratto dal deposito del brevetto. La risposta non fu esauriente, né convincente. Inoltre, la Pfizer era titolare di una posizione dominante nel mercato internazionale, pertanto incombeva su di lei una speciale responsabilità, e poiché si riscontrò un comportamento atto a deprimere ed espellere la concorrenza, il suo fu ritenuto un abuso del diritto. Il governo chiese un risarcimento danni alla Pfizer di 14.000.000.00€ a seguito della constatazione del blocco volontario del mercato, e dell'ostacolo al commercio dei farmaci generici. In Italia questa sentenza segnò uno spartiacque tra gli amanti ed esperti della proprietà intellettuale, su chi appoggiava la causa Pfizer, e chi sosteneva invece l'autorità antitrust. Tuttavia, data la sua singolarità, soprattutto nello sviluppo della vicenda, probabilmente un caso simile non si verificherà nuovamente.

PARTE IV

UN CASO ANCORA APERTO

Un caso ancora aperto - Il caso Roche-Novartis (Avastin® & Lucentis®)

Il caso Roche-Novartis è l'ultimo caso che tratteremo, ed è anche il più recente dei tre casi trattati in questo report. È un caso italiano che si evolve nel settore farmaceutico nazionale che vede l'autorità antitrust affiancata da altre autorità nazionali. Benché l'autorità garante della concorrenza e del mercato abbia chiuso il procedimento e il tribunale amministrativo regionale abbia rilasciato la sentenza e condannato le due imprese imputate: Hoffman La Roche e Novartis. Queste hanno ancora la possibilità di appellarsi al secondo grado di giudizio, evenienza che probabilmente i due colossi farmaceutici intraprenderanno, al fine di contestare la decisione del TAR. Le due imprese imputate hanno entrambe la propria sede legale in Svizzera. Roche è presente in 150 paesi in tutto il mondo e possiede grandi capitali negli USA, dove opera attraverso una società del gruppo Hoffman La Roche specializzata nel campo delle biotecnologie, il cui nome è Genentech.

L'Avastin®

La Genentech è l'azienda di biotecnologie che ha portato avanti le sperimentazioni per l'invenzione di una nuova molecola, il bevacizumab. Questa è un anticorpo monoclonale ideato per riconoscere e legare il fattore di crescita endoteliale (Vascular Endothelial Grow Factor o VEGF). Il VEGF è una proteina di segnale prodotta dalle cellule che stimolano la vasculogenesi, e l'angiogenesi; e appartiene al sistema di molecole che ripristina l'approvvigionamento di ossigeno ai tessuti, quando la circolazione sanguigna è inadeguata. Il bevacizumab è in grado di legarsi al VEGF, ed inibirne la funzione. Pertanto, impedisce alle cellule tumorali di produrre segnali di angiogenesi, in modo tale che i nuovi vasi sanguigni in mancanza di ossigeno e nutrimento rallentino lo sviluppo. Tale anticorpo può essere utilizzato in concomitanza con una terapia chemioterapica, per il trattamento del carcinoma mammario, del carcinoma polmonare, del carcinoma renale, e viene somministrato per via endovenosa in dosi comprese tra 5 e 15 mg per chilogrammo di peso corporeo. Il comitato per i medicinali ad uso umano (CHMP) ha stabilito che tale principio attivo in combinazione con antitumorali dà benefici superiori ai rischi di pazienti affetti da varie tipologie di carcinoma. E il 12 gennaio del 2005, la Commissione europea rilascia alla Roche l'autorizzazione all'immissione in commercio del Bevacizumab, con il nome commerciale (brand name) di Avastin®, come prodotto per la cura dei tumori.

L'UTILIZZO INTRAVITREALE DEL PRINCIPIO ATTIVO - LUCENTIS®

L'invenzione dell'Avastin® da parte della Genentech aveva un'altra enorme possibilità di utilizzo in un diverso ambito terapeutico, l'oftalmologia. Tuttavia, il principio attivo bevacizumab per l'utilizzo oftalmico necessitava di alcune modifiche. Pertanto, la Genenthec in collaborazione con la Novartis riuscì a produrre una porzione di tale anticorpo monoclonale, che venne denominato ranibizumab. Questo nuovo prodotto che altro non è che una porzione del bevacizumab, possiede delle qualità più specifiche rispetto al suo progenitore, quella di legarsi al fattore di crescita endoteliale e vascolare di tipo A (VEGF-A). Il fattore VEGF-A è presente nell'occhio umano e nei pazienti affetti da degenerazione maculare senile neovascolare (Age-

Related Macular Degeneration o AMD), una patologia che causa la proliferazione dei vasi sanguigni e la fuoriuscita di siero. Tale anticorpo viene somministrato attraverso iniezioni intravitreali (punture, con piccoli aghi, nell'occhio). Gli effetti del ranibizumab sono preventivi, al fine di evitare la perdita della vista causata dal progredire della patologia. Il 22 gennaio 2007 la Commissione europea rilascia a Novartis l'autorizzazione all'immissione in commercio per il ranibizumab, che entrerà nel mercato con il nome commerciale di Lucentis®. Pertanto, la prima invenzione conteneva celata in sè una funzione analoga ma con aree anatomiche di applicazione differenti. Anzi ché somministrare l'anticorpo endovena, i ricercatori si accorsero che poteva essere modificato e somministrato intravitro, il risultato era comunque quello di inibire la proliferazione dei vasi sanguigni, la quale conduce in tutte le patologie che presentano tale condizione ad effetti dannosi per i vari sistemi che ne sono colpiti. In altre parole, il meccanismo di azione rimane simile, in qualsivoglia maniera si decida di somministrarli.

L'EMIVITA DEI DUE ANTICORPI

L'emivita di un farmaco è la quantità di tempo che il principio attivo impiega ad essere smaltito dal corpo. Quando Roche inventò o meglio scoprì il primo anticorpo monoclonale, e lo brevettò come prodotto biotecnologico con il nome di Avastin®, operò una scelta. Scelse di non depositare il brevetto per due utilizzi, e continuò la ricerca, cercando di modificare il principio attivo, al fine di migliorarne le prestazioni. Cosi Roche riuscì, rimuovendo una porzione della molecola, ed elaborando il rimanente, ad ottenere un nuovo prodotto, cui fu dato il nome di Lucentis®. Tale nuovo prodotto venne considerato specializzato per il trattamento della terapia oculare. Roche, riteneva che iniettando una parte modificata del precedente farmaco si sarebbe stati in grado di iniettarlo direttamente nell'occhio, e cosi fu. Inoltre, questo nuovo prodotto dava un vantaggio notevole. La sua emivita diminuiva significativamente, rispetto all'Avastin®. Poiché iniettando Avastin® nell'occhio, questo impiega circa 20 giorni per essere totalmente espulso dall'organismo, mentre Lucentis® ha un'emivita di 48 ore. Questo fu considerato un grande vantaggio. Chiaramente l'elaborazione del farmaco originale aveva dei costi. La presenza del principio attivo per 48 ore, ansi che per 20 giorni, poteva non essere considerato un fattore rilevante ai fini della terapia. Era un vantaggio che si poteva avere come non avere, poiché l'emivita prolungata non dava grandi problemi ai pazienti. Sta di fatto che Roche investì moltissimi fondi per ottenere tale farmaco, e alla fine brevettò questo secondo prodotto, Lucentis®, nome che rievoca la sua finalità di terapia dell'occhio.

L'ACCORDO DI LICENZA CON NOVARTIS

Roche in Europa non possedeva una divisione oculistica, pertanto non riusciva a gestire da sola tutto il lavoro di produzione del Lucentis® nel vecchio continente. Pertanto, ritenne adeguato proporre un accordo di licenza all'impresa Novartis, la quale era un colosso farmaceutico che possedeva tutte le attrezzature necessarie, per portare a termine la programmazione del nuovo anticorpo. Si organizzarono attraverso una rete di spedizioni di semilavorati, che partivano dagli Stati Uniti d'America e arrivavano in Europa, dove Novartis era predisposta alla lavorazione e all'attività di commercializzazione del farmaco. Queste due imprese si allearono. Da una parte la Roche concedeva a Novartis il diritto di produrre il Lucentis® in Europa e anche di venderlo, mentre lei si impegnava a non venderlo sul territorio europeo. Questo può sembrare un accordo anti-competitivo, tuttavia non lo è, poiché il diritto antitrust considera nel complesso non anti-competitivo il fatto di cedere o concedere parti di un brevetto. L'originator ha l'esclusiva ed è sua discrezione a chi far vendere il proprio prodotto. Il fatto della concessione della licenza non cambia l'offerta a livello globale del mercato. Un'impresa innovatrice ha il diritto di fare del prodotto ciò che ritiene opportuno, può decidere di concedere licenze, e può anche decidere di cedere l'esclusiva ad un'altra impresa, poiché questo è un mercato protetto dal brevetto.

L'IMPREVISTO OFF LABEL

L'utilizzo off label di un prodotto farmaceutico consiste nel suo impiego non indicato, ad esempio non indicato per una specifica fascia d'età, oppure non indicato in una certa dose, oppure non indicato per la terapia di una distinta malattia. Generalmente l'utilizzo off label dei farmaci è legale eccetto quando si violano delle specifiche linee guida etiche, o per questioni di sicurezza. Tornando alla vicenda, Roche ottenne l'autorizzazione all'immissione in commercio dei due farmaci Avastin® e Lucentis®, uno destinato alla cura dei carcinomi, e uno destinato alle patologie dell'occhio. A questo punto l'impresa brevettante uscì di scena e lasciò il palco alla sua partner europea, la Novartis cui aveva concesso il Lucentis® in licenza. Iniziano le vendite, e a questo punto accadde una cosa che i due colossi non avevano previsto. Un medico canadese, specialista in oftalmologia, scoprì che Avastin® possedeva quasi le medesime potenzialità terapeutiche del Lucentis®. Il bevacizumab dava gli stessi risultati del ranibizumab per la cura della proliferazione capillare oculare. A suo parere non era necessario rilavorare il primo anticorpo, pertanto iniziò ad iniettare l'Avastin® negli occhi dei propri pazienti, che stavano rischiando di perdere la vista. Il risultato fu eccellente, a tal punto che, con sua grande soddisfazione, l'oculista canadese presentò i suoi risultati terapeutici ad un convegno in Canada. Da quel momento tutti i medici del mondo iniziarono ad utilizzare, e a promuovere, questa terapia off lable. L'interesse della comunità medica era prettamente scientifico, l'unico interesse che avevano i clinici, era quello di curare i propri pazienti. Pertanto, tutta la comunità medica iniziò a prescrivere l'Avastin®, e fu seguita da una copiosa letteratura scientifica universitaria a riguardo. L'Avastin® era un farmaco per la terapia coadiuvante dei tumori, tuttavia dava il meglio di sé nel suo utilizzo off lable per patologie correlate all'occhio. Il blocco delle metastasi era molto meno efficace attraverso la somministrazione endovena, rispetto ai risultati che dava a livello oculare; che rappresentava il vero successo terapeutico. Per i due colossi però sorgeva un problema. Dacché una iniezione di Avastin® costava circa 90,00€ mentre Lucentis® era venduto a circa 1000,00€ a fiala. Per utilizzare una metafora, il medico canadese "gli aveva rotto il giochino", perché la siringa da 1000,00€ faceva trarre dei profitti esorbitanti, sia alla Novartis che alla Roche. La Roche non aveva concesso la licenza gratuitamente, ma tramite un contratto di royalties incrementale. Ovvero più la Novartis vendeva, più la percentuale di profitto per Roche aumentava. Per spiegarlo in maniera più semplice, vi porto un esempio: «Se Novartis arriva a vendere 999 siringhe, alla Roche sono dovute il 20% delle entrate. Quando le vendite superano le 1999 confezioni vendute, la percentuale di profitti della Roche sale al 30%. E così via. fino ad arrivare al 50% (fifty-fifty)». Chiaramente, l'utilizzo off lable dell'Avastin®, ostacolava alle due ditte la vendita di Lucentis®. Come abbiamo copiosamente esposto nei paragrafi precedenti, un farmaco per essere commercializzato deve ottenere l'AIC, e deve esserne autorizzata la vendita per una determinata area di intervento terapeutico (che viene riportata sulla confezione del prodotto). Nel caso dell'Avastin®, non esiste l'autorizzazione all'utilizzo oftalmico. Pertanto, servendosi di questo prodotto per le terapie oculari, se ne sta facendo un uso off lable, tradotto in italiano letteralmente: "fuori etichetta". Va fatto notare che l'utilizzo off lable non è fuori dalla legalità, la regolazione farmaceutica da sempre consente ai medici di adoperare i farmaci per impieghi che non siano indicati nell'etichetta, ove sono riportate le funzioni fornite dalla casa farmaceutica. Il medico, essendo una persona di scienza, che agisce secondo scienza e coscienza, ed in base alle proprie competenze e sotto la propria responsabilità, può decidere di curare un paziente con un prodotto destinato al rimedio di altre esigenze. Un settore specialistico nel quale viene fatto grande utilizzo off lable dei farmaci è quello pediatrico, nel quale per moltissime terapie il medico, nel caso in cui un farmaco che non è stato originariamente prodotto per essere utilizzato sui bambini, valuta idoneo ridurre il dosaggio del principio attivo, e somministrarlo ai piccoli pazienti. Questo è un esempio di utilizzo off lable. In Italia l'SSN (il Sistema Sanitario Nazionale) passa anche le cure off lable con farmaci per i quali è rinomato, stabilito e riconosciuto dalla letteratura scientifica, l'utilizzo fuori etichetta. Il tutto va sempre sottoscritto dal medico, che se ne assume la responsabilità. I farmaci off lable passati dal SSN sono elencati nella lista 648, nella quale si possono trovare tutti i farmaci pagati dal Servizio Sanitario Nazionale che hanno un impiego diverso da quello per il quale sono stati creati. Ora, rientrando nella narrazione degli eventi che si sono susseguiti nel caso Roche-Novartis, anche l'Avastin®, con il tempo, venne inserito in Italia tra i farmaci off lable elargiti gratuitamente dall'SSN.

La campagna Anti-Avastin®

La Roche e la Novartis vedevano l'evolversi dei fatti a sfavore del Lucentis®, pertanto decisero di iniziare a muoversi per cercare di distinguere le esigenze dei consumatori. Si adoperarono per portare avanti un'interna anti-competitiva, che è la seconda tipologia di illecito antitrust. Basandosi sul fatto che stavano perdendo molto denaro dalla vendita di Avastin®, organizzarono ed intrapresero una vera e propria campagna Anti-Avastin®. Iniziarono la promozione attraverso una condotta molto sofisticata. Per prima cosa presero a nutrire e finanziare la letteratura scientifica, la quale doveva evidenziare quanto Lucentis® fosse migliore di Avastin®. Rimuginarono sul fatto che Avastin®, benché fosse un buon farmaco, non riusciva a competere con le potenzialità che il Lucentis® offriva in termini di risultati sui pazienti; inoltre fecero leva sul fatto che Lucentis® fosse un farmaco nato per il settore oftalmico, e sulla constatazione che aveva un'emivita molto inferiore. Ma per quanto si sforzassero, l'opinione della comunità scientifica clinica non si scuoteva. Principalmente per via dei costi, poiché la classe medica deve perennemente interfacciarsi, non solo con le cure migliori, ma anche con i costi. Nel caso in cui la ASL non è in grado di acquistare un farmaco, i medici, in questo caso specifico gli oculisti e gli oncologi, dovevano comunque tutelare la salute dei propri pazienti, quindi questo ostacolo del prezzo fece sì che l'Avastin fosse sempre più richiesto. Questo evento era accentuato dal fatto che l'ingresso nel mercato di questi due farmaci coincideva con i gravi bilanci della crisi economica del 2008 in Italia. Pertanto, i medici, dovendo tutelare la salute dei propri pazienti, continuano a somministrare Avastin®. La Corte costituzionale ha dichiarato: «La tutela della salute passa anche attraverso la "comprabilità" del farmaco». Se la ASL non è in grado di ottenere un farmaco, per via del prezzo troppo elevato, non riesce più a tutelare la salute dei cittadini. Quindi i medici continuarono a ripudiare la nuova letteratura scientifica, finanziata da Novartis.

GLI STUDI DELLE AUTORITÀ

Nel panorama creatosi per via di una abbondante letteratura scientifica, che non era pienamente condivisa, e che destava dei sospetti tra i tutori della salute, fu dato il via a delle ricerche approfondite da varie autorità tutrici della salute. Tra le altre anche la FDA (Food and Drug Administration) statunitense. Questi studi dimostrarono che effettivamente i due principi attivi bevacizumab e ranibizumab erano abbastanza simili. Questa attivazione del sistema letterario scientifico indusse Novartis e Roche a "contrattaccare" tali dichiarazioni, per avallarne la grande eco. E decisero di farlo tentando di distogliere l'attenzione della comunità scientifica proprio mentre venivano pubblicati tali studi. In date adiacenti la diffusione degli studi portati avanti su Avastin®, furono pubblicati annunci di monito su pazienti deceduti a seguito della somministrazione di Avastin® ad uso oftalmico. All'interno degli uffici della Roche c'era una grande agitazione, dovuta alla necessità di individuare dei casi di effetti avversi, dovuti all'utilizzo off lable del bevacizumab. Un effetto avverso dell'Aventis®, come del Lucentis®, è l'infarto; che può sopraggiungere solo in pazienti che già hanno delle complicazioni cardiache. Quindi sono dei casi molto marginali. Le due imprese tentarono di far trapelare la notizia che solamente l'Aventis® poteva causare l'infarto, e non Lucentis®. Per sostenere la loro teoria Roche intraprese delle ispezioni a tappeto su casi di pazienti deceduti a causa della somministrazione dell'Aventis®. Mentre la Novartis non intraprese alcuna ricerca sul Lucentis®, rimase silente. Di fatti si trovò un solo caso di paziente che manifestò degli effetti avversi a seguito dell'utilizzo di Lucentis®, e con una ricerca sproporzionata si è risaliti a ben 15 casi di decesso per l'utilizzo oculare di Aventis®.

LA DENUNCIA ALL'EMA. L'ANSIA E LA PAURA!

L'EMA (European Medicines Agencies, l'"Agenzia Europea dei Medicinali") ha il dovere di supervisionare la salute dei cittadini della comunità europea, ed è l'ente designato al rilascio delle autorizzazioni all'immissione in commercio per le biotecnologie. La Roche al fine di spronare la comunità scientifica ad utilizzare Lucentis® nelle funzioni per le quali era stato creato, e con l'intento di rallentare bruscamente le somministrazioni off lable dell'Avastin®, denunciò all'EMA i 15 casi di pazienti deceduti per l'utilizzo errato del bevacizumab, mentre l'EMA stava ancora portando avanti indagini ed ispezioni interne. Dopo la denuncia Roche e Novartis si agitarono moltissimo attraverso tutti i mezzi di comunicazione, giornali, telegiornali, interviste in radio; e continuarono a minare le convinzioni e le opinioni che i medici avevano dell'Avastin®, attraverso un processo mediatico atto a creare ansia e paura. Si susseguirono moltissime interviste in quel periodo, con il solo obiettivo di informare il personale sanitario degli effetti collaterali dell'Avastin® ad uso off lable. Ad un certo punto si iniziò a notare un effettivo calo incrementale delle vendite di Avastin®. Se ne prescriveva ogni giorno meno. In questo clima di incertezza e insicurezza nelle corsie e negli ambulatori di tutta Italia, ci fu un gruppo di medici che ritenne necessario far intervenire le autorità antitrust, per fare degli accertamenti sulle dichiarazioni dei media da parte delle case farmaceutiche Roche e Novartis. L'AGCM (Autorità Garante del Commercio e del Mercato) impiegò diversi mesi prima di prendere la decisione di intervenire, poiché la vicenda al principio si mostrò ambigua. Da un lato c'erano due ditte che dichiaravano che un farmaco fosse pericoloso. Dall'altro le ASL ribattevano che non lo fosse. Infine, l'autorità antitrust stabilì che fosse opportuno intervenire a seguito della constatazione che nel mercato fossero presenti due farmaci che sembravano essere molto simili, se non uguali. Fu questo che fece insospettire gli ispettori antitrust sul fatto che poteva esserci un disegno più grande dietro le dichiarazioni della Roche e di Novartis.

LA PROVA REGINA. LE DUE REALTÀ

Le autorità antitrust iniziarono le ispezioni, e scoprirono che le due imprese imputate avevano concordato congiuntamente le manovre mediatiche, e non solo. Tutto era stato deciso di comune accordo, anche la decisione di denunciare i casi all'EMA. Assieme alle carte di ricostruzione degli eventi in ordine cronologico, la prova regina rinvenuta dalle ispezioni dell'antitrust consistette nel ritrovamento di serie di e-mail scambiate tra Roche e Novartis, nelle quali si evincono delle complementazioni reciproche sulle iniziative intraprese. I due colossi si congratulavano a vicenda sugli interventi nei convegni, nei vari paesi, rimarcando il fatto che le ingerenze sull'Avastin® fossero rigorose, ed efficaci. E ancora furono scovate e-mail nelle quali la Novartis domandava all'alleato a che punto fossero le "*attività di differenziazione dei due prodotti*", e altre ancora in cui si tergiversava sui fogli illustrativi. Tutta questa serie di rinvenimenti svelò che le due ditte stavano tentando di differenziare qualcosa che diverso non era. Si scoprì che Roche e Novartis si tenevano informati durante le procedure intraprese all'EMA. E allo stesso tempo programmavano la campagna Anti-Avastin®, poiché, non appena l'EMA avesse pubblicato i risultati delle ricerche, riconoscendo che Avastin® produceva degli effetti avversi peggiori di Lucentis®, i due colossi sarebbero intervenuti immediatamente con una propaganda Pro-Lucentis®. Altre intercettazioni di e-mail, scambiate tra il personale delle due aziende, rivelarono che tutto il management di Roche non considerasse affatto Avastin® pericoloso. In alcune e-mail furono rinvenute delle discussioni sull'Avastin® nelle quali alcuni chiedevano se effettivamente Avastin®

fosse cosi pericoloso come si diceva. E le risposte a queste e-mail erano ancora più sconcertanti, alcuni rispondevano in confidenza, che effettivamente non detenevano alcun risultato certo dell'insicurezza del farmaco. Esiste una e-mail in particolare nella quale un amico intimo di uno dei manager della Roche chiese se l'Avastin® fosse molto pericoloso, perché per problemi familiari doveva decidere se utilizzarlo o meno. La risposta fu discreta, poiché non avrebbero potuto realmente parlarne con persone esterne, nondimeno il manager tranquillizzò l'amico dicendogli che poteva stare tranquillo. Tuttavia, tale situazione di incertezza, non impediva loro di accanirsi ferocemente contro l'EMA, dichiarando "a tutti i venti" l'immensa pericolosità dell'Avastin® nel trattamento delle specifiche malattie oculari, e la sua imprevedibilità dell'insorgenza delle complicanze cardiache che conducevano alla morte. Le autorità antitrust, per così dire, riscontrarono due mondi diversi, due realtà. Una interna e una esterna.

L'AIFA RIMUOVE L'AVASTIN® DALL'SSN

Arrivò la risposta dell'EMA, la quale deliberò che l'Avastin® non conduceva ad effetti collaterali, peggiori del Lucentis®. Per di più l'EMA aprì un'inchiesta su tutti i principi attivi analoghi presenti sul mercato, e sulle terapie di malattie oncologiche conformi, e ne fece pubblicare una vertenza generale. In questo clima molto confuso, l'AIFA (Agenzia Italiana del FArmaco) cancellò l'Avastin® dalla lista dei farmaci rimborsati dal Servizio Sanitario Nazionale. Questo portò molti pazienti che necessitavano di quel farmaco ad acquistarlo a proprie spese. Poco tempo dopo si conclude il procedimento antitrust, dopo che l'AGCA ebbe raccolto tutte le prove dell'accordo promozionale, altre prove sull'intento di dare grande risalto alla procedura dell'EMA, e altre ancora che trovano gli imputati alleati nel combattere la normativa che vuole migliorare gli utilizzi off lable dei farmaci.

La sentenza dell'illecito antitrust

L'autorità antitrust condannò i due indagati per aver concordemente intrapreso una campagna di differenziazione dei prodotti, e li ha sanzionati per un ammontare di 190.000.000.00€ da spartire tra le due parti. L'accusa giaceva sui complotti diffamatori verso il farmaco Avastin®. Occorre precisare che l'antitrust non aveva il compito di far valere dinanzi ad un giudice i dati relativi alla sicurezza dei due farmaci. Questa parte è al di fuori del provvedimento. L'intervento dell'autorità antitrust si è reso necessario quando dei medici, che richiedevano l'utilizzo del farmaco in questione, si trovarono ostacolati dalle case farmaceutiche. In un contesto in cui due case farmaceutiche (che producono due farmaci ben distinti, l'Avastin®, e il Lucentis®, che dovrebbero essere concorrenti nel mercato), organizzano una campagna informativa volutamente ambigua, definita da loro stessi di differenziazione, l'autorità antitrust è costretta ad intervenire. Lo scopo di sviare le vendite è un comportamento considerato scorretto nel mercato. Inoltre, la Roche poteva liberamente iniziare una procedura all'EMA, ma non avrebbe dovuto stabilire tutte le manovre assieme alla Novartis. L'antitrust si preoccupa del fatto che le due imprese abbiano concordato confidenzialmente l'organizzazione delle dichiarazioni da rendere all'esterno su come muoversi nella descrizione dei prodotti. Quello che l'agenzia di tutela della concorrenza pretende è che i due imputati si comportino da concorrenti nel mercato, e non da alleati. Si adopera perché ciascuno decida come muoversi per conto proprio. Mentre quello che è avvenuto in questa vicenda è stato tutto condiviso, dalle strategie alle decisioni sulle interviste o sulle lettere, tutto volto a coordinarsi per fornire delle risposte coerenti l'uno verso l'altro. L'antitrust vigila sull'azione autonoma. In altre parole, tutela il fatto che un'impresa si muova in modo indipendente dai concorrenti nel mercato. Il comportamento contestato alla Roche e a Novartis è quello di *intesa di ripartizione nel mercato*. Vale a dire, il blocco delle vendite di un farmaco attraverso dichiarazioni concordate che facilitavano le vendite di un altro medicinale.

Un caso aperto

Roche e Novartis stanno attualmente stendendo un appello contro la sentenza emanata dal TAR, e probabilmente chiederanno una tutela cautelare, per favorire l'abbreviazione dei tempi del procedimento. Pertanto, è prevista una sentenza del Consiglio di Stato anche verso Giugno 2015.

ANTITRUST NEL SETTORE FARMACEUTICO

PARTE IV – Un caso ancora aperto

FINE

POSTFAZIONE

APPENDICI

RIFERIMENTI

POSTFAZIONE

Uno dei più grandi esperti di antitrust, un commissario della FTC ("Federl Trade Commission" la "Commissione Federale per il Commercio") americana, ha scritto che nel settore farmaceutico è inutile perseguire i comportamenti delle imprese, ma bisogna ripensare totalmente la legislazione brevettuale, perché è l'unico modo per risolvere i problemi. Rinnovare la legislazione brevettuale significa modificare i trattati internazionali. La direzione verso la quale tendono le autorità in tutto il mondo, è quella di evitare che vi siano delle differenze sproporzionate tra le legislazioni brevettuali di paesi confinanti o meno. Un brevetto deve essere uguale in tutto il mondo. Specialmente un brevetto farmaceutico, poiché risulta essere un'invenzione che tutela la salute, la quale non può, e non deve essere limitata, né subordinata al deposito di un brevetto per ogni singolo stato. Le autorità brevettuali stanno orientandosi in questa direzione, ossia quella di facilitare il conseguimento di un brevetto mondiale, attraverso la rivisitazione dei principali trattati internazionali; "Il trattato di Monaco" e "Il Trattato di Washington", al fine di operare una riforma della normativa brevettuale uniformemente accolta.

APPENDICI

AstraZeneca

La società nacque il 6 aprile 1999 dalla fusione di due gruppi farmaceutici.

1. Astra AB, una società svedese con sede a Södertälje, fondata nel 1913 e specializzata all'epoca nella produzione di farmaci gastrointestinali, cardiovascolari, anestetici e adiuvanti della respirazione.
2. Zeneca Group PLC, società inglese con sede a Londra, nata nel 1993 dalla scissione in tre diverse società dell'attività della ICI – Imperial Chemical Industries creata nel 1962, era specializzata nella produzione di farmaci oncologici, cardiovascolari, anestetici e adiuvanti della respirazione.

Pfizer

L'azienda Pfizer fu fondata a New York nel 1849, quando i cugini Charles Pfizer e Charles Erhardt iniziarono il loro commercio di prodotti chimici con la creazione della *Charles Pfizer and Company* a Williamsburg (Brooklyn). La Pfizer nel 2011 ebbe un fatturato di 67,42 miliardi di dollari. Ostenta un portafoglio prodotti che comprende più di 600 molecole. Inoltre, vanta la più grande organizzazione di ricerca e sviluppo dell'industria farmaceutica del mondo, grazie alla sua divisione Pfizer Global Research and Development.

RATIOPHARM

Nel 1881 Adolf Merckle (progenitore dell'attuale famiglia alla guida di Ratiopharm) fonda ad Aussig, in Boemia la "Chemikalien en gros". Nel 2007 Ratiopharm è stato il marchio farmaceutico in assoluto più prescritto e più venduto in Germania, con 163 milioni di confezioni.

NOVARTIS

Novartis è stata fondata nel 1996 dalla fusione di *Ciba-Geigy* e *Sandoz Laboratories*, entrambe compagnie svizzere. Ciba-Geigy è a sua volta frutto di un antecedente fusione, avvenuta nel 1970 tra *J. R. Geigy* (società di Basilea nata nel 1758) e *Ciba* (anch'essa di Basilea, sorta nel 1859).

Novartis si è contraddistinto per essere il maggior produttore al mondo di farmaci generici nel settore dermatologico.

Roche

Fu fondata il 1° ottobre 1896 da Fritz Hoffman-La Roche. F. Hoffmann–La Roche SA è un gruppo farmaceutico di origine svizzera, che opera a livello mondiale. La società è presente, con il marchio Roche e due divisioni distinte (Roche Pharmaceuticals e Roche Diagnostics), nel settore farmaceutico e diagnostico.

La società è presente commercialmente in 150 Paesi. La sua sede sociale è a Basilea. Nel 2003 la Roche ha ricavato un utile netto di 3 miliardi di franchi svizzeri (pari a circa miliardi e mezzo di euro). Il numero di dipendenti del colosso farmaceutico è di circa 65.000 unità.

RIFERIMENTI

SITO WEB DELLA COMMISSIONE EUROPEA

http://ec.europa.eu/

LETTERATURA SUL DIRITTO ANTITRUST

- Convenzione sulla Concessione dei Brevetti Europei - (Monaco 1973)
    1. *Conclusa a Monaco il 5 ottobre 1973*
       Approvata dall'Assemblea federale il 29 novembre 1976
    2. *Strumento di ratifica depositato dalla Svizzera il 20 aprile 1977*
       Entrata in vigore per la Svizzera il 7 ottobre 1977
       Riveduta a Monaco il 29 novembre 2000
    3. *Approvata dall'Assemblea federale il 16 dicembre 2005*

4. *Strumento di ratifica depositato dalla Svizzera il 12 giugno 2006*

   Entrata in vigore per la Svizzera il 13 dicembre 2007

   http://www.admin.ch/opc/it/classified-compila-tion/20072179/201305030000/0.232.142.2.pdf
   http://www.epo.org/law-practice/legal-texts/epc.html

- **Trattato di cooperazione in materia di brevetti (PCT) - (Washington 1970)**
    1. *Redatto a Washington il 19 giugno 1970,*
    2. *Rettificato il 28 settembre 1979,*
    3. *Modificato il 3 febbraio 1984 ed il 3 ottobre 2001*

    http://www.wipo.int/export/sites/www/pct/it/texts/pdf/pct.pdf

Letteratura sul caso AstraZeneca

- **La decisione della commissione sul caso AstraZeneca - 5 giugno 2005** http://ec.europa.eu/competition/antitrust/cases/dec_docs/37507/37507_193_6.pdf

- La Sentenza del tribunale sul caso AstraZeneca - 1° luglio 2010
  http://curia.europa.eu/juris/document/document.jsf?text=&docid=82135&pageIndex=0&doclang=IT&mode=lst&dir=&occ=first&part=1&cid=554916

- La Sentenza della corte sul caso AstraZeneca - 6 dicembre 2012
  http://curia.europa.eu/juris/document/document.jsf?text=&docid=131490&pageIndex=0&doclang=IT&mode=lst&dir=&occ=first&part=1&cid=554916

- Il concetto di protezione complementare
  http://www.galenotech.org/brevetti.htm

LETTERATURA SUL CASO PFIZER-RATIOPHARM

- Procedimento A431
  https://www.google.it/search?q=procedimento+a+431+pfizer+ratiopharm&ie=utf-8&oe=utf-8&gws_rd=cr&ei=CrKOVOaaK8mrUdOUhIgI

- Il "London Agreement"
  http://www.epo.org/law-practice/legal-texts/london-agreement.html

- Pharmaceutical Sector Inquiry. Final Report
  http://ec.europa.eu/competition/sectors/pharmaceuticals/inquiry/

- Legge 19 ottobre 1991 n. 349
  http://www.normattiva.it/uri-res/N2Ls?urn:nir:stato:legge:1991;349

- Regolamento (CEE) n.1768/92 del 18 giugno 1992, entrato in vigore il 2 gennaio 1993.
  http://europa.eu/legislation_summaries/other/l21156_it.htm

- Regolamento (CE) n. 469/2009
  http://ec.europa.eu/health/files/eudralex/vol-1/reg_469_2009/reg_469_2009_it.pdf

- Direttiva (CEE) n. 65/65 del Consiglio per il ravvicinamento delle disposizioni legislative, regolamentari ed amministrative relative alle medicinali. Direttiva 26 gennaio 1965, n. 65.
  http://www.edizionieuropee.it/data/html/181/eu3_03_013.html

  - La precedente fu modificata dalla direttiva (CEE) n. 93/93 http://ec.europa.eu/health/files/eudralex/vol1/reg_1993_2309/reg_1993_2309_it.pdf

- Decreto legislativo del 29 maggio 1991 n. 178
  http://www.normattiva.it/uri-res/N2Ls?urn:nir:stato:decreto.legislativo:1991;178

- Decreto legislativo 24 aprile 2006 n.219
  http://www.camera.it/parlam/leggi/deleghe/06219dl.htm

- Legge 7 agosto del 1990 n. 241
  http://www.normattiva.it/uri-res/N2Ls?urn:nir:stato:legge:1990-08-07;241!vig=

- Comunicato AIFA del 16 settembre 2010
  http://www.agenziafarmaco.gov.it/it/content/comunicazione-aifa-su-rilascio-aic-di-farmaci-generici-e-inserimento-nelle-liste-di-traspare

LETTERATURA SUL CASO NOVARTIS-ROCHE

- Procedimento I760
  http://www.agcm.it/trasp-statistiche/doc_download/4112-i760-provvedimento.html

- Direttiva del Parlamento Europeo e del Consiglio del 6 novembre 2001 recante un codice comunitario relativo ai medicinali per uso umano.

  http://eurlex.europa.eu/LexUriServ/LexUriServ.do?uri=OJ:L:2001:311:0067:0128:it:PDF

- *Legge 24 novembre 2003 n. 326*
  http://www.parlamento.it/parlam/leggi/033261.htm

- *Negoziazione e rimborsabilità*
  http://www.parlamento.it/parlam/leggi/033261.htmwww.agenziadelfarmaco.gov.it/it/content/negoziazione-e-rimborsabilit%C3%A0

- *Temi dell'attività Parlamentare. Farmaci e spesa farmaceutica.*
  http://leg16.camera.it/561?appro=215&Farmaci+e+spesa+farmaceutica

- *Strategie e pratiche nel marketing off lable dei farmaci. Un'analisi retrospettiva delle denunce agli informatori.*
  http://www.plosmedicine.org/article/fetchObject.action?uri=info%3Adoi%2F10.1371%2Fjournal.pmed.001431&representation=PDF

- *Uso off lable dei farmaci. Genenthec San Fransisco Business time 2 dicembre 2011 http://www.bizjournals.com/sanfransisco/blog/biotec/2011/12/genentech-roche-rituxan-whistleblower.html?page=all*

- *Prescrizione degli off lable presso l'ufficio basilare dei medici, nell'archivio di medicina interna.*
  http://archinte.jamanetwork.com/article.aspx?articleid=410250

- *Legge 23 dicembre 1996 n.648*
  http://www.parlamento.it/parlam/leggi/96648l.htm

- *Legge 27 dicembre 2006 n. 296*
  http://www.parlamento.it/parlam/leggi/06296l.htm

- *Legge 24 dicembre 2007 n.244*
  http://www.normattiva.it/uri-res/N2Ls?urn:nir:stato:legge:2007-12-24;244!vig

- *Legge 8 novembre 2012 n. 189*
  https://www.google.it/search?q=Legge+8+novembre+2012+n.+189&ie=utf-8&oe=utf-8&gws_rd=cr&ei=kmmTVPbCJcf4UvqfhKAL

ANTITRUST NEL SETTORE FARMACEUTICO

IL RELATORE

La professoressa Marzia Balzano è un agente legale dell'autorità di vigilanza sulla competizione in Italia (AGCM). Ha ottenuto l'abilitazione alla professione di avvocato nel 1998 ed ha conseguito il dottorato in "Business and company law" all'Università degli Studi di Roma "Tor Vergata" nel 1999. Nell'AGCM è attualmente consulente legale di un commissario del comitato. Prima di ottenere tale incarico ha lavorato come "Case Manager" e consulente legale. Ha tenuto corsi di "Legislazione della competizione" e "Legislazione delle proprietà intellettuali" presso l'Università di Viterbo. Si occupa in particolare delle problematiche tra diritto della concorrenza, in termini di antitrust, ovvero in termini di concorrenza sleale, e di proprietà intellettuale, con particolare riferimento al settore farmaceutico.

IL MODERATORE

La professoressa Fabiola Massa ha conseguito nel 1999 la Laurea in Economia e commercio, presso la Facoltà di Economia dell'Università di Roma "Tor Vergata", discutendo una tesi sulla "Tutela giuridica delle invenzioni biotecnologiche". Dall'ottobre 2006, essa è ricercatore di Diritto commerciale (IUS-04) presso la Facoltà di Giurisprudenza dell'Università degli Studi di Roma "Tor Vergata", ove nel 2010 ha ricevuto la conferma. Da novembre 2007, è membro della Commissione brevetti dell'Ateneo di Roma "Tor Vergata". Nel 2000 la dottoressa ha preso parte, inoltre, alla prima edizione del *Post-graduate Specialization Course on Intellectual Property* promosso dall'Università degli Studi di Torino in collaborazione con la *World Intellectual Property Organization* (WIPO) di Ginevra.

L'AUTORE

Simone Rotili

Simone Rotili è farmacista e autore italiano.

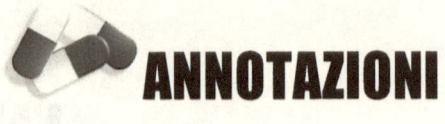

ANNOTAZIONI

ANNOTAZIONI

ANNOTAZIONI

ANNOTAZIONI

ANNOTAZIONI

www.ingramcontent.com/pod-product-compliance
Lightning Source LLC
Chambersburg PA
CBHW030636220526
45463CB00004B/1545